Earth, Wind, Fire, Water
Randi Grov Berger and Tonje Kjellevold (eds)

arnoldsche

Table of Contents

Foreword
by Galleri F 15

Galleri F 15 has shone a spotlight on contemporary crafts through the exhibition series *Tendenser* since 1971. For nearly fifty years, *Tendenser* has followed developments in the craft field closely, mediating Norwegian and Nordic contemporary crafts of the highest quality to a wide audience.

The idea of *Tendenser* as an annual exhibition was presented by Norwegian ceramicist Erik Pløen to the gallery's administration in 1970. The exhibition has been produced every year since 1971, except for in 1993 and 1994, when the then-director Gertrud Sandqvist respectfully removed it from the exhibition programme due to her self-proclaimed lack of competence in the crafts field.

The crafts of the 1970s were characterised by unique yet functional objects, created with a deep material knowledge, sense of style and craftsmanship. Discussions followed in the 1980s, on crafts as part of the wider field of visual art. This came to shape the trajectory of *Tendenser*, as the decade offered a balance between functional and sculptural works. In the 1990s theory entered this country's art institutions in earnest. This came to influence craft artists who were starting to appropriate the art practices of fine artists, which in turn had an effect on the conceptual framework and artistic contents of *Tendenser*. A need emerged for a curator to shape the exhibition, and in 1998 Jorunn Veiteberg was appointed as the first external curator for *Tendenser*.

Galleri F 15 has always followed the crafts field closely. Looking back at *Tendenser's* past editions, they appear as snapshots capturing the different stages and identities of crafts. Many Norwegian and Nordic artists have been represented, being brought in by curators such as Jorunn Veiteberg, Lars Sture, Love Jönsson, Louise Mazanti, Edith Lundebrekke, Franz Schmidt, Irene Nordli, Knut Astrup Bull, Heidi Bjørgan, Putte Helene Dal, Glenn Adamson, Gjertrud Steinsvåg and Stephen Knott.

In the 2000s a more theoretical approach to crafts was being developed and brought to *Tendenser* by curators such as Love Jönsson (2007), Louise Mazanti (2009) and Knut Astrup Bull (2010). When Glenn Adamson became the curator for the 40th anniversary exhibition in 2013, he had a very intellectual approach to the contemporary crafts field, yet he approached the curation of his edition of *Tendenser* from a personal standpoint, which was both surprising and refreshing. His exhibition *Tenderness* was a display of romance, with a curation that felt both honest and personal.

In 2016 *Tendenser* adopted a biennial rhythm with the aim of strengthening the event within a European contemporary crafts context. That year the curator Gjertrud Steinsvåg, through the exhibition *Grand Old Ladies and New Kids on the Block,* investigated the impact the older generation of artists has had on the younger. In 2018 the researcher, lecturer and curator Stephen Knott used the exhibition *Watching Making* as an opportunity to examine the different ways we experience contemporary crafts, with special emphasis on the process of making.

On the occasion of this year's edition of *Tendenser,* we would like to offer our gratitude to the curator Randi Grov Berger. With the exhibition *Earth, Wind, Fire, Water,* she has chosen to investigate a highly relevant theme that concerns the mutual dependencies between humans, materials and organisms. Through a myriad of research-based approaches and artistic practices touching on biology, geology and cosmology, the entire gallery building as well as the facade and several outdoor spaces are activated with new and site-specific works. On behalf of Galleri F 15, I would like to thank all the artists for their contributions to the exhibition and for their extensive material knowledge. I also thank the Nordic Network of Crafts Associations for collaborating on this year's exhibition, seminar programme and publication. All these components give *Tendenser* a boost and set the level of ambition for the future.

The exhibition series *Tendenser* is worthy of attention. It shows the evolution of the contemporary crafts field from the 1970s until today. Our vision for the future is that the gallery's archival material can stimulate research into the series' position and significance for Norwegian and Nordic crafts.

On behalf of Galleri F 15
Maria C. Havstam

Head of the art department and
project manager for *Tendenser*

Foreword
by Nordic Network of Crafts Associations

2020 marks the 10th anniversary for the Nordic Network of Crafts Associations (NNCA). We are excited to be celebrating this occasion by collaborating with Galleri F 15 on the exhibition, seminar and publication *Earth, Wind, Fire, Water.*

We also celebrate Galleri F 15's huge effort on behalf of contemporary crafts in the Nordic region, as this year will be the 44th time it produces the exhibition *Tendenser* in Moss, Norway. The list of exhibitors since the first show in 1971 is impressive, displaying an array of artistic craft practices from the Nordic countries. With this year's collaboration, the Nordic presence is formalised and stronger than ever before.

The NNCA consists of seven craft associations from the Nordic countries: Danske Kunsthåndværkere & Designere (DK), Handverk og Hönnun (IS), Konsthantverkscentrum (SE), Konstnärernas Riksorganisation (SE), Norske Kunsthåndverkere (NO), Norwegian Crafts (NO) and Ornamo (FI). Together, we aim to strengthen the field of contemporary crafts across the Nordic region and beyond. By partnering with Galleri F 15, we have the opportunity to highlight the role that contemporary crafts has in the Nordic region today.

With the exhibition *Earth, Wind, Fire, Water – Nordic Contemporary Crafts*, the curator Randi Grov Berger has taken a closer look at a phenomenon that is relevant far beyond the field of visual art – the relation between humans and materials. We appreciate her focus on this core phenomenon of craft. Craft artists are specialists in their chosen material and quite often spend their careers pushing the limit of what is possible within the material boundaries. For this exhibition, Grov Berger has invited 17 artists and artists groups who use their extensive material knowledge to address issues relating to humans, materials and the environment.

With this in mind, Randi Grov Berger and Tonje Kjellevold have co-edited this publication that contains essays by prominent writers and thinkers from the Nordic region. The NNCA seeks to contribute to the development of theory within the field of crafts. It is essential that artists, curators and theorists talk, discuss and reflect upon different tendencies and currents relevant to the field. With this publication, we hope to do just that – open up the discussion about the place of crafts in a Post-Anthropocene world.

We would like to thank all the artists participating in the exhibition and all the contributors to this publication.
A big thank you to the editors Randi Grov Berger and Tonje Kjellevold, to Galleri F 15, and to our publishing partner Arnoldsche Art Publishers for collaborating with us. Finally, it is important to state that this project would not have been realised without generous support from the Nordic Culture Point and the Nordic Culture Fund.

Sunneva Hafsteinsdóttir, Handverk og Hönnun
Maj Sandell, Konsthantverkscentrum
Eva Månsson, Konstnärernas Riksorganisation
Lise Stang Lund, Norske Kunsthåndverkere
Hege Henriksen, Norwegian Crafts
Salla Heinänen, Ornamo
Helle Bjerrum, Danske Kunsthåndværkere & Designere
Helle Severinsen, Danske Kunsthåndværkere & Designere

Introduksjon

Tittelen på denne publikasjonen peker til oldtidens fire elementer som ble brukt for å forklare verdens sammensatthet. I senere tid har vi fått en utvidet forståelse for verdens kompleksitet, med 118 grunnstoffer på hver sin plass i det periodiske systemet. Fortsatt lærer vi nye ting om verden rundt oss, om naturens sammensatthet og vår plass i den.

Kunsthåndverkspraksiser har alltid vært uløselig knyttet til elementene og til naturmaterialer. Veien er overraskende kort fra disse urgamle byggeklossene til arbeider i glass, metall, keramikk og tekstil. Men kan man nærme seg et materiale som en samarbeidspartner, mer enn som en mester? Kan man skape *med* i stedet for å skape *av*?

Denne publikasjonen deler navn med utstillingen *Earth, Wind, Fire, Water*, der 17 kunstnerne og kunstnergrupper utforsker ulike materialers og elementers evne til å medvirke i kunstproduksjon, ved å la materialene delta i, og til tider kontrollere, både den kunstneriske prosessen og resultatet. Gjennom sitt virke konfronterer kunstnerne sin lengsel etter en dypere forbindelse med jorda. Utstillingen fungerer som bakgrunn og inspirasjon for skribentene mens de foretar et dypdykk ned i den materielle verden, og undersøker begrep som materiell interaksjon og materiell agens, posthumanisme og symbiotisk tenking.

I sitt essay *Skapandet – ett sätt att samspela med sin omgivning* bygger Camilla Groth på sine egne erfaringer som keramiker. Hun peker på hvordan kunsthåndverket via samspillet mellom mennesker og materialer kan føre til en mer bærekraftig og empatisk måte å interagere med verden.

Ifølge Groth kan det personlige forholdet og dialogen som opparbeides mellom kunstner og materiale bidra til å jevne ut hierarkiene mellom det menneskelige og det ikke-menneskelige.

I teksten *Fugitive Nature* fokuserer Jessica Hemmings på tekstilers flyktighet, og viser til kunstnere som aksepterer og omfavner materialets forbigående natur. Hemmings ser også nærmere på forestillingen om tekstiler som 'godartede' og 'naturlige', opp mot fortiden og nåtidens forurensende tekstilproduksjon.

Nicolas Cheng poengterer viktigheten av å aktivt lytte til sine lokale omgivelser for å kunne ta inn over seg hvordan selv de aller minste inngrep i naturen har en målbar konsekvens i sitt essay *Site-Responsiveness*. Cheng åpner opp begreper som posthumanisme og symbiotisk tenking, og gjør oss oppmerksom på hvordan ulike hendelser, som utbruddet av covid-19, fremprovoserer behovet for å revurdere og omstille våre prioriteringer og handlingsmønstre.

Hvordan kan kunsthåndverket re-kontekstualiseres eller forstås gjennom omsorgsbegrepet? I *Handverk og umhyggja á óvissutímum* (*Craft and Care In a Period of Crises)*, fordyper Æsa Sigurjónsdóttir seg i kunsthåndverkspraksiser som tar i bruk materialers terapeutiske kvaliteter og gir omsorg for en person eller et samfunn.

Med et bredt perspektiv inspirert av konsepter som multi-naturalisme og sted-tanke prinsippet utfordrer Nina Wöhlk vår tillærte forståelse av livløse objekters selvbilde. I *Stoffets sensibilitet (The Sentience of Matter)* lytter Wöhlk til steiner, trær og skogen, og undersøker hvordan disse aktørene kommer til orde gjennom ulike kunstnerskap.

I *Viessovovdna (The Caravan)* undersøker Ánne Márjá Guttorm Graven tekstverket *Meahccetrošša/Matatu: Eai čuovo mearriduvvon luottaid eai ge vissis njuolggadusaid* av Fellesskapsprosjektet å Fortette Byen som pryder fasaden på Galleri F 15, et verk som eksemplifiserer holdningen til gjenbruk og redesign i samisk kultur. Guttorm Graven tilnærmer seg verket fra flere utgangspunkt og tilbyr flere tolkninger basert på personlig erfaring med nasjonalstatens håndheving av lover og reguleringer, som samene fortsetter å kjempe mot for å ivareta kulturen sin.

Jenni Nurmenniemi ser i *Maan kanssa kirjoittaen (Writing with Earth)* nødvendigheten av å ta i bruk ny terminologi for å forstå hvordan vi er sammenflettet naturen. Ved bruk av begreper og teorier fra Donna Haraway, Karen Barad, Jane Bennett og Lynn Margulis vektlegger Nurmenniemi gjensidighet og tilknytning over dualistiske skillelinjer.

Sentralt i arbeidet med denne publikasjonen står samarbeidet mellom Galleri F 15 og det nordiske nettverket Nordic Network of Crafts Associations (NNCA). NNCA jobber for å styrke kunsthåndverksfeltet i den nordiske regionen, og har siden oppstarten i 2010 gjort en særlig innsats for teoriutviklingen på feltet. Flere av disse essayene er skrevet på to språk, og totalt får vi presentert seks av Nordens mange språk i denne publikasjonen: dansk, finsk, norsk, svensk, islandsk og nordsamisk, i tillegg til engelsk. Ved å ta i bruk de nordiske språkene ønsker vi å nå nye lesere, og bidra til at teoriutviklingen vokser og blir tilgjengelig for fler.

Det er et av kunsthåndverkets kjennetegn at det formidler både nærhet til og kunnskap om ulike materialer. Bidragsyternes engasjerte innlegg belyser hvordan kunsthåndverkets strategier responderer til en av de største utfordringene i dagens samfunn. Vi har alt å tjene på å lytte til våre lokale omgivelser og se oss selv som en del av naturen.

Randi Grov Berger og Tonje Kjellevold
Redaktørene

Introduction

The title of this publication is a nod to the four natural elements that were used in ancient times to explain the Earth's composition. We now understand a great deal more of its complexity, with 118 elements neatly placed in the periodic table. We are continuously discovering new things about the world around us, about the intricacy of nature and our place in it.

Craft practices have always been inextricably linked to natural elements and materials. The distances between these ancient 'building blocks' and artworks in glass, metal, ceramics and textiles are surprisingly short. But how might one approach a material, not from the position of a master, but from that of a collaborator? Is it possible to create *with*, rather than *from*?

This publication shares its title with the exhibition *Earth, Wind, Fire, Water,* which presents 17 artists and artist groups who explore the potential of materials and the natural elements as co-authors of artistic works, participating in and at times controlling both the creation process and outcome. The artists' practices reflect a longing for a deeper connection to our planet. The exhibition serves as a backdrop and inspiration for the writers of this publication, as they forage deep into the material world and endeavour to flesh out concepts such as material interaction and material agency, posthumanism and symbiotic thinking.

In her essay *Making as a Way of Interacting with the Environment*, Camilla Groth builds on her own experience as a potter to investigate how human-material interaction in craft might lead us to a more sustainable and emphatic way of interacting with the world. According to Groth, the personal relationship and dialogue between an artist and a material can help level out the hierarchies between the human and the non-human domain.

In the essay *Fugitive Nature*, Jessica Hemmings focuses on the transient nature of textiles and refers to artists who accept and embrace the volatile nature of textile materials. Hemmings also takes a closer look at our impression of textiles as 'benign' or 'natural' in connection with the polluting textile industry of past and present times.

Nicolas Cheng emphasises the importance of being actively involved with our local surroundings in order to comprehend how even the smallest interventions in nature have direct and measurable consequences. In his essay *Site-Responsiveness*, Cheng employs terms such as post-humanism and symbiotic thinking in order to make us see how different events, such as the outbreak of the COVID-19 virus, provoke the need to rethink and reorganise our priorities and behavioural patterns.

How might craft be understood or re-contextualised through the concept of care? In *Craft and Care in a Period of Crises*, Æsa Sigurjónsdóttir investigates craft as an ethical practice that make use of different materials' therapeutic qualities and provide care for a person or community.

With a broad perspective influenced by the concepts of multi-naturalism and place-thought, Nina Wöhlk challenges our understanding of inanimate objects' sense of self. In *The Sentience of Matter,* Wöhlk listens to stones, trees and the forest and explores how these actors obtain a voice through different artistic practices.

In *The Caravan,* Ánne Márjá Guttorm Graven interprets the text-based artwork *Meahccetrošša/Matatu: Eai čuovo mearriduvvon luottaid eai ge vissis njuolggadusaid* by Fellesskapsprosjektet å Fortette Byen, mounted on Galleri F 15's facade, a work that exemplifies the attitude towards reuse and redesign in Sámi culture. Guttorm Graven approaches the work from different positions, giving several readings drawn from personal experiences of imposed nation state rules and regulations, which the Sámi minority continues to struggle against to preserve their way of living.

Jenni Nurmenniemi, in *Writing with Earth*, debates the necessity for new terminology when attempting to understand our entanglement with nature. By employing terms and theories from Donna Haraway, Karen Barad, Jane Bennett and Lynn Margulis, Nurmenniemi emphasises reciprocity and interdependency over dualistic divides.

A central pillar in the work with this publication is the collaboration between Galleri F 15 and the Nordic Network of Crafts Associations (NNCA). In the ten years since its founding in 2010, NNCA has aimed to strengthen the fields of contemporary craft across the Nordic region and to make significant contributions to critical craft theory. Several essays in this volume are written in two languages, and in total we are able to present six of the Nordic languages through these pages: Danish, Finnish, Norwegian, Swedish, Icelandic and Northern Sámi, in addition to English. By making use of the Nordic languages, we hope to contribute to the development of craft theory and to make it accessible to a wider audience.

An inherent quality of contemporary crafts is to communicate material knowledge and evoke material intimacy. Our writers' enthusiastic contributions shine a light on how strategies of contemporary crafts respond to some of today's biggest challenges. We have everything to gain by listening carefully to our immediate environment and by seeing ourselves as a part of nature.

Randi Grov Berger and Tonje Kjellevold
Editors

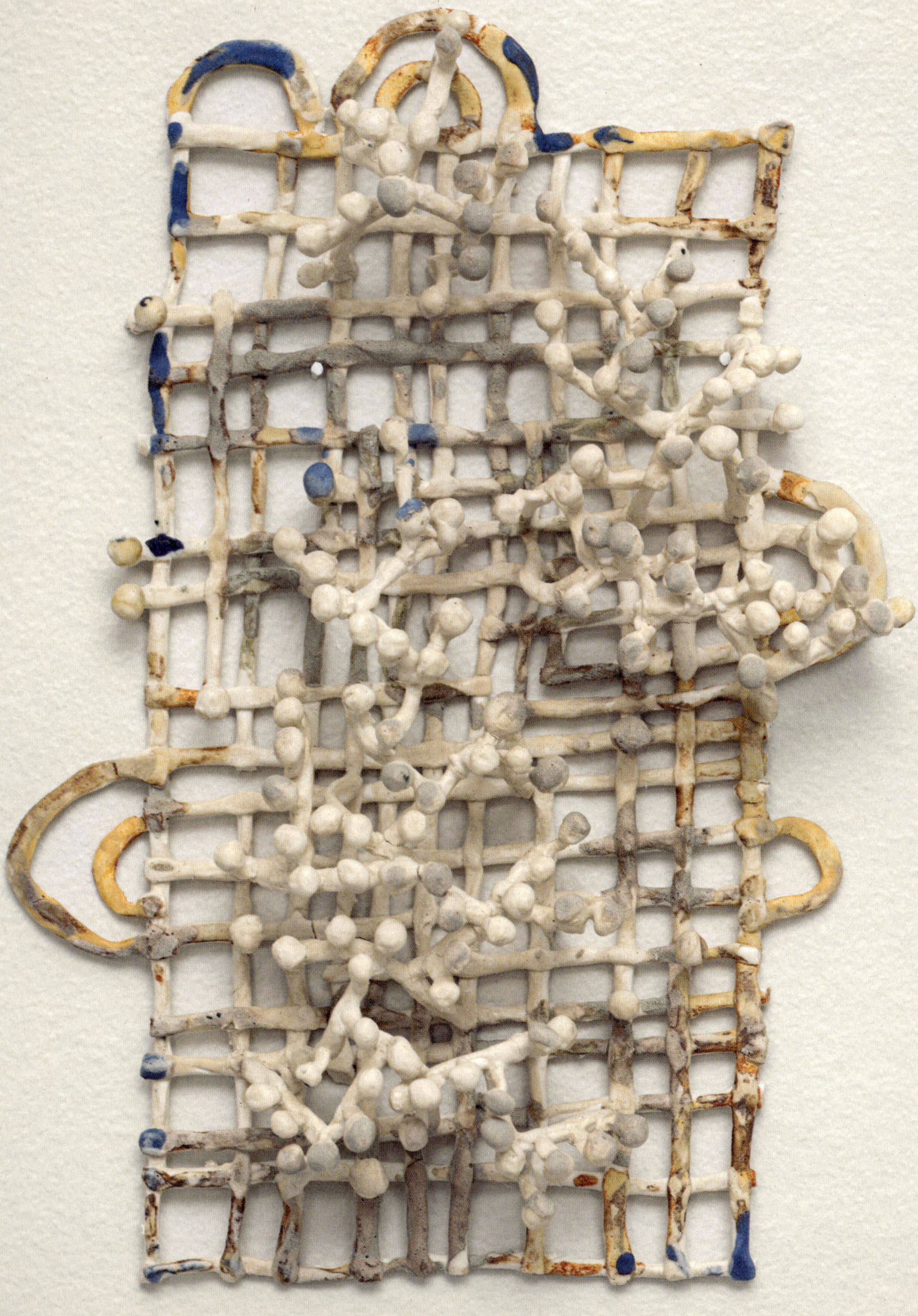

Cosmic Perspectives in Contemporary Craft
Curator's notes on the exhibition *Earth, Wind, Fire, Water*
Randi Grov Berger

How absorbing it is to contemplate the raw materials of the universe: how they are traceable to stars in our galaxy and have dispersed gradually to form our little planet, and us, and how they are the composites of everything we see around us. We live in a time marked by enormous progress in technology and science; we reach further into our solar system and gradually comprehend the fragility of our brief yet remarkable existence.

Our witnessing of magnificent accomplishments, dazzling discoveries by the Hubble telescope and extraordinary insights from the field of neuroscience are matched by a sustained awareness that such technological breakthroughs would not be possible without large-scale mining, raw material extractions and a fossil-fuelled chemical industry operating in such a way as to precipitate an unprecedented global environmental crisis. *We* have emerged as a dominant geological force, competing with nature in shaping the planet.

The wilderness recedes and our experience of being part of a living environment breaks down. Our situation demands urgent discussions concerning our relationship to the immediate material world. The artists featured in *Earth, Wind, Fire, Water* are taking an active role in this philosophical discourse, using their craft, tools and deep material knowledge to address pending environmental issues. Their works urge a reconnection with nature and a strengthened sense of co-existence with our home planet.

The 44th edition of *Tendenser* includes a diverse spectrum of approaches and expressions, with practices encompassing biology, geology and cosmology. From artists transforming matter, animating material and engaging communities in participatory projects, to large-scale contemplative installations in which form and content are rendered inseparable, the exhibition offers different ways to think about, with, and through contemporary crafts.

Earth Matters

If we can see ourselves in nature, if we can relate to a tree, we will practice empathy, and in the same way that a culture that views trees as meaningful subjects will not engage in clear-cutting, a culture that engages in clear-cutting will never see trees as meaningful subjects.[1]

'As we are moving away from culture, towards nature, trends don't go fast at all. They're very, very slow, and they're getting slower by the minute', observes trend forecaster Lidewij Edelkoort.[2] She describes a current movement back towards nature and the notion of animism, which postulates that a soul is embedded in everything. In the territory called Sápmi,[3] which extends across the borders between Norway, Sweden, Finland and Russia, this worldview is recognised as inherent to indigenous Sámi traditions. Here nature is understood in terms of relatedness; each organism has its place and plays a particular role. Nature's ideal condition, its balance, should be respected, and any engagement with nature should be as minimal as possible.

> We should listen to what the innermost forest tells us, how it talks to us. If we stop listening, then it's over. I walk into nature and wonder how the trees feel. How are they? Every tree has a soul. Trees can cry. They can shed tears of sadness. When we're drilling for new minerals – it's like drilling into the hearts of the underground beings.[4]
>
> — Britta Marakatt-Labba

Fundamental concepts of animism are central to the interdisciplinary, theoretical and politically committed field of New Materialism, which emerged in the second half of the 1990s. With the thinkers Karen Barad, Rosi Braidotti, Elizabeth Grosz and Jane Bennett as some of its leading scholars, New Materialism is associated with a range of contemporary perspectives in the arts, humanities and social sciences that share a theoretical and practical 'turn to matter', drawing on feminist theory, science studies, environmental studies, queer theory, philosophy, cultural theory, biopolitics and critical race theory.

The New Materialist discourse challenges dualisms such as nature/culture, human/non-human and animate/inanimate, and accounts for 'intra-actions' between meaning and matter.[5] Probing fundamental questions regarding nature and humankind's agency in a post-industrialised material world, the arguably most radical adaptation of New Materialism proposes that non-human beings and certain objects/entities should be acknowledged as possessing personhood and should have the same rights and protection as do human beings.

In 2017, after 140 years of negotiation, the Māori people of New Zealand won recognition of the Whanganui River as an ancestor, meaning the river must now be treated as a living entity. 'Environmental personhood' assigns nature (or aspects of it) certain rights while also providing a means for individuals and groups to fulfil these rights. As Gerrard Albert, leading negotiator for the Whanganui tribe, remarks:

> We can trace our genealogy to the origins of the universe, and therefore rather than us being masters of the natural world, we are part of it. We want to live like that as our starting point. And that is not an anti-development, or anti-economic use of the river, but to begin with the view that it is a living being, and then consider its future from that central belief.[6]

The American astrophysicist Neil deGrasse Tyson adds an even broader perspective: 'The cosmic perspective not only embraces our genetic kinship with all life on Earth but also values our chemical kinship with any yet-to-be discovered life in the universe, as well as our atomic kinship with the universe itself.'[7]

Transient Nature

Artists relating to these concepts are wilfully mindful of the material flows within their own lives, on a global scale, and from a cosmic perspective, opening themselves to meaningful collaborations that connect them with their surroundings, with a piece of land, or with material itself. Several artists participating in *Earth, Wind, Fire, Water* explore the potential of materials and the elements to co-author artistic works, to participate in and at times control the process and outcome.

For the plant-dyed silk tapestries of Hildur Bjarnadóttir, plants from the artist's own plot of land in Iceland function as recording devices, absorbing information from their ecological and social environment through soil and air, as well as through their roots, petals, flowers and leaves. Exploring issues of belonging and ecological disruption, Bjarnadóttir's work combines both flora and fauna. Changing weather, seasonal shifts and industrial impact are all apparent in her extracted colours.

Acknowledging the powerful interdependence between humankind and often-overlooked materials and organisms, many of the artworks presented in the exhibition evoke the fragility and transiency of our earthly existence by way of components that alter, dry up or decay throughout the exhibition period. Hedvig Winge, for instance, employs clay within an expanded practice of sculpture and painting. Textiles are splattered with porcelain clay and arranged in site-specific installations that unfold and transform during the process. Grounded in her deep knowledge of the materiality of clay, Winge's work is expansive and unpredictable; motion and vulnerability are expressed at the intersection between the work and the exhibition space.

Philosophical perspectives drawn from New Materialism and Animism – namely that everything, even that which is inanimate, has a soul, and that all matter has value and significance – are articulated in several of the featured practices. Meticulously treated twigs are assembled to form sentence-like compositions in the work of Guðjón Ketilsson. The fallen sticks are given new life through language; as poems, they move past their materiality. Similarly, organic materials have a voice in Charlotta Östlund's sculptures, which juxtapose nature's ceaseless cycles with a subtle lyrical sensibility. Her laborious technique of bending dried plant matter offers a gentle metaphor for the transience of all life. Organic, impermanent and never static, her materials exist in perpetual metamorphosis, embracing gradual yet inevitable entropy.

With the power to alter matter, ideas and society, an artistic practice is transformational in many respects. In one site-responsive project, the artists Brynjar Sigurðarson and Veronika Sedlmair carve into stones in the rocky bays of Jeløy, animating the material by sculpting it on site. In doing so, Sigurðarson and Sedlmair intervene in geological processes, accelerating each stone's millennia-long transformation into an infinitesimal grain of sand. The artists' impact may well catalyse the folklore of a distant future.

In depicting the forcefulness of nature and its laws, several of the artworks in *Earth, Wind, Fire, Water* engage our bodily senses. Alma Heikkilä's installation invites a heightened sensitivity to microorganisms and bacteria that exist beyond human perception. Through her large-format paintings and sculptures, Heikkilä offers a calm and soothing environment to contemplate the importance of such minuscule species. Kasper Kjeldgaard explores aspects of nature such as friction and gravity, using bronze, beeswax and other materials to create a poetic universe of balance and suspense. The process of creation, organic growth and varying states of permanence are captured in his sculptures, articulating notions of resilience and robustness. As the elements interact with one another and the surrounding space, they affect the pace around them, prompting viewers to slow down and reflect upon Kjeldgaard's meditative installation.

Technologies from various stages of human history are evoked throughout the exhibition. Ebba Bohlin visited Jeløy in August of 2019 and discovered a tree trunk caught in a state of decomposition; it has served as the starting point for her work *Loss of Information*. With faint traces on its surface reminiscent of human hair, the tree triggered the artist to construct a new and complex 'hybrid being' using digital software to merge the tree with a living person. Bohlin's practice asserts a firm belief in the transformative power of materials, whether taken from nature, language or the artist's own body. The work of Stian Korntved Ruud reflects a fascination for manufacturing techniques, inherent properties of physical materials, human-object interactions and sound. In his new series of sculptural tuning forks, Korntved Ruud explores natural frequencies and sacred geometry. In a second work, he makes use of clock chimes and gravity to add to the soundscape of the gallery.

Direct material explorations repeatedly punctuate *Earth, Wind, Fire, Water*. Ida Wieth addresses the unusual characteristics of glass through a persistent and experimental exploration of its substance, content, form, force and will. With reference to the metamorphic nature of the human body, her large-scale installation *Passage* explores the ability of glass to stretch and transform from liquid to solid over short intervals. Earthy and vibrant hues blend with metal oxides to create a coarse and fragmented texture. Louise Sidelmann uses clay to intuitively explore the spatial effects of drawing and lines. Looking to both human infrastructure and organic systems, her delicate compositions intricately combine colours with clay through glazing and sintering processes. Pekka Paikkari embraces the accidents, material memory and unforgiving nature of clay, working with, rather than against, the uncontrollable transformations that take place within the kiln:

> I think that the soul and originality of the materials are hidden in the cracks. Flaws, cracks, and breaking – these are things that I play with in my practice. I let a large tile break where it wants to. In this way, I don't have to cut it myself. This is a physical process and something I have discovered after thirty years of practice. Also, when something cracks and breaks, it is moving. When it is broken, the movement ends, the tension disappears.[8]

Craft Strategies of the New Decennium

In adopting a biennial format, the exhibition series *Tendenser* has slowed its pace and widened its horizon, devoting more time to reflect on current directions in the diverse and complex field of craft in the Nordic countries. As this edition unfolds in the early days of a new decennium, we realise we are fast approaching the exhibition's 50th anniversary. This marks an occasion to reflect on the past and the present and to look towards the future.

In the course of my research for this project, I encountered several artists whose expanded practices confront challenging issues by engaging directly with social groups and embracing the relational aspects of craft. Giving primacy to the power of meaningful encounters, their process-oriented and at times immaterial methods, often carried out in parallel to more traditional, studio-based activities, mainly take place outside of institutions and are often not announced, promoted or even documented. For *Earth, Wind, Fire, Water*, several artists have facilitated dynamic conversations within the public realm.

Valentin Manz's participatory, long-term project *In the Pits* is presented within the immersive three-screen moving image installation *earth:NOW:being.* The film, directed by Christine Cynn, documents a site-responsive project for which Manz erected seven large-scale clay sculptures while camping in the British countryside over the course of one summer. Inviting local farmworkers and passers-by to participate, and supervising clay workshops for children, Manz created an open studio in which unpredictable forces, such as the weather, were also central to the project's outcome. Towards the end of the summer, participants and locals were invited to witness spectacular sparkling lights fly from paper kilns as the soft clay was transformed into robust ceramic sculptures.

With a background spanning visual art, scenography and art psychotherapy, Manz merges craft and conversation to prompt dialogue around pressing themes such as generational shifts in labour and identity. Throughout the exhibition *Earth, Wind, Fire, Water*, visitors to Galleri F 15 are invited to visit Manz in an on-site wood workshop. Here they can observe and assist the artist as he carves sculptures from large tree trunks. Relocated to the surrounding landscape as they are produced through the spring and summer, the sculptures are subtly transformed as the weather shifts.

The space between individual expression and a community's public rights is explored in several projects by Fellesskapsprosjektet å Fortette Byen (FFB),[9] a group established in 2010 by the artist and architect Joar Nango and the architects Håvard Arnhoff and Eystein Talleraas. In 2012, FFB temporarily established *The Norwegian Roma Embassy* (*Den Norske Rom-ambassade*), a cultural centre in Oslo's Tullinløkka square in collaboration with Oslo's three major Roma associations. For several weeks, the centre was activated with cultural activities, concerts and exhibitions addressing and problematising the Roma people's lack of gathering places in the Norwegian capital.

For *Earth, Wind, Fire, Water*, FFB adds a text work to the gallery's architecture that is created with found and reclaimed materials. Written in the Northern Sámi language, it states: 'Eai čuovo mearriduvvon luottaid, eai ge vissis njuolggadusaid' ('They don't follow routes and they don't conform to regulated order'). This reference to the Northern way of life stresses the importance of transcending laws and regulations in order to forge autonomous systems and spaces.

> I'm very, very interested in material flows. That is something that has been extremely important for the development of duodji [10] and Sámi handicraft – material flow and access to material, transformation of material, and the sort of output, you could say, of the craft process. And it's a flow, you know? I think that it's very interesting to keep in mind the deep philosophy of duodji which is really a local material flow cycle. I think it's interesting to maintain that philosophical concept that you find in duodji but rethink it in a more contemporary scale. The world of material that is in my immediate surrounding is very different now than it was two hundred years ago, for example, leftover materials or garbage. That's what I've been working with lately.[11]
>
> — Joar Nango

Ivana Králíková uses ceramics, her material of choice, to engage with her local community in Tensta and Hjulsta, two neighbouring suburbs of Stockholm. Most recently, in February of 2020, she initiated a workshop exploring local clay for members of the Women's Centre of Tensta-Hjulsta, obtaining materials from a nearby construction site where extensive infrastructure is in the making. Králíková approaches her workshops from several perspectives: as a foreigner in Sweden, as a woman, and as a resident of Hjulsta, a district with many immigrants. Her practice subscribes to the notion of *neoenvironment*,[12] a broadened understanding of our total environment as a network of innumerable interrelations. For *Earth, Wind, Fire, Water*, Králíková experiments with the creation of earth batteries, a potential new energy resource, using excavated soil and minerals from Jeløy.

Craft, in its very essence, encourages sociability, connections and dialogue. Since 2011, Riitta Ikonen and Karoline Hjorth have worked with elderly people across many countries, documenting them dressed in elements from their surroundings. Swathed in costume-like sculptures made in collaboration with the artists, these characters literally inhabit their landscape, drawing attention to the intrinsic connections between human beings and their environment. The artists have thus far photographed over one hundred seniors. Some of their latest photo portraits were made last fall when they visited the rural Norwegian landscape in and around Jeløy and Moss.

Britta Marakatt-Labba addresses questions of ecology, politics and history through embroidery, combining thin wool, linen, paper and silk yarn with screen-printing and collage. Rooted within Sámi culture, her motifs often link everyday life and mythology. They address political issues and document Sámi resistance to injustice, such as the threat to the land posed by mining companies.

Marakatt-Labba played an active role in the Mázejoavku group of the 1970s, an important movement within Sámi culture, art and identity. In reaction to the catastrophic nuclear accident in Chernobyl, Ukraine in 1986, she began exploring environmental issues. In recent years, much of her work has addressed climate change, something she herself experiences first-hand as a resident of Övre Soppero in Northern Sweden, through floods, clear-cut forestry and increasingly warm winters: 'Those of us who herd reindeer for a living see very clearly how important it is that nature works. These days, we don't know when it's going to rain and when the snow will crust over.'[13]

Final Note

With the goal of seeking out connections between environmental art, land art and contemporary craft, I began this curatorial endeavour by visiting artists and institutions in each of the Nordic countries. From these studio visits, meetings and conversations, the framework for *Earth, Wind, Fire, Water* emerged. I am deeply grateful to the participating artists for opening their studios and sharing their thoughts, and for contributing so immensely in all regards.

This project was made possible with backing and deep commitment from co-editor and NNCA project manager Tonje Kjellevold, and through the collaborative, ever-encouraging spirit of Maria Havstam, head of the art department at Galleri F 15. I also thank the head of production Eivind Karlsen and the entire Galleri F 15 team. My research trips to Helsinki, Copenhagen and Aarhus were generously supported by Frame Contemporary Art, Finland and the Danish Arts Foundation.

Endnotes

1 Helena Granström and Marcus Elmerstad, *Det som en gång var* (Stockholm: Natur & Kultur, 2016), 12. Translated by the author of this essay.

2 Lidewij Edelkoort, interview by Spencer Bailey, podcast *Time Sensitive* (2019).

3 Sápmi is the Sámi people's own name for their traditional territory. The Sámi people are the indigenous people of the northern part of the Scandinavian peninsula and large parts of the Kola Peninsula. They live in Sweden, Norway, Finland and Russia. www.iwgia.org/en/sapmi

4 Britta Marakatt-Labba, 'Den inre skogen', *K special* (Stockholm: Swedish Public Television, 2019). Quote translated by the author of this essay.

5 'Intra-action' is a term coined by Karen Barad and used to replace 'interaction', which necessitates pre-established bodies that then participate in action with each other. Intra-action understands agency not as an inherent property of an individual or human to be exercised, but as a dynamism of forces in which all designated 'things' are constantly exchanging and diffracting, influencing, and working inseparably. Karen Barad, *Meeting the Universe Halfway: Quantum Physics and the Entanglement of Matter and Meaning* (Durham, NC: Duke University Press, 2007).

6 Gerrard Albert, interview by reporter Eleanor Ainge Roy, *The Guardian*, 16 March 2017.

7 Neil deGrasse Tyson, 'The Cosmic Perspective', the 100th essay in the 'Universe' series, *Natural History Magazine* (2007): 29.

8 Pekka Paikkari, interview by Laura Põld, conversation about the exhibition *Enchanted by Fire* (2015), http://www.kohilasymposium.com/conversation-about-the-exhibition-enchanted-by-fire/ (accessed March 2020).

9 Fellesskapsprosjektet å Fortette Byen translates to 'The Collective Project: For a Denser Concentration of the City'.

10 According to Gry-Kristina Fors Spein, the Sámi concept of duodji 'encompasses many types of hand-crafted objects, both functional and conceptual, which can be made in homes and workshops or in small-scale industries. Duodji also means "creative activity" in a very wide sense. This is one of those words that is difficult to translate into other languages because it applies to so many techniques, materials, and practices.' Gry-Kristina Fors Spein, 'Duodji as the Starting Point for Artistic Practice', Norwegian Crafts website (2019) https://www.norwegiancrafts.no/articles/duodji-as-a-starting-point-for-artistic-practice

11 Joar Nango, interview by Namita Gupta Wiggers. 'Duodji as Part of Philosophy and Cosmology', Norwegian Crafts website (2018). https://www.norwegiancrafts.no/articles/duodji-as-part-of-philosophy-and-cosmology

12 Neoenvironment, a termed coined by Peter K. Haff, refers to the sum of the natural, human, and technological systems and processes that surround us. It includes forest ecosystems, animals and machines, nanotechnology, the Internet, highways, medical systems, power grids, human populations, political parties, governments and bureaucracies, robots, religions, and their interactions with each other.

13 Britta Marakatt-Labba, 'Swedish Sámi Visual Artist Shaping Climate Changes', Radio Sweden (2010). https://www.rcinet.ca/eye-on-the-arctic/2010/11/08/swedish-sami-visual-artist-shaping-climate-changes/

Skapande – ett sätt att samspela med sin omgivning

Camilla Groth

(I) Den platta och kalla metallskivan snurrar framför mig, men jag tittar på lerklumpen jag håller i handen. Jag höjer handen och slår ner leran på den platta snurrande ytans mitt – splash – överskottslera skvätter omkring och ner i karet som omger drejskivan. Jag doppar händerna i vattenskålen bredvid mig, det är kallt och vått. Jag placerar mina våta händer på varsin sida om den snurrande lerklumpen. Händerna glider obehindrat över den skakiga och oregelbundna ytan när jag pressar händerna mot leran för att trycka ner den och tvinga den att centreras. Leran slutar att röra sig under mina händer och anpassar sig till utrymmet mellan mina fingrar. Så minskar fukten i leran och händerna glider inte längre lika lätt över ytan, som om den kletiga ytan försökte gripa tag i mina fingrar. Långsamt lättar jag på trycket och släpper lerklumpen, precis innan den suger tag i mig. Jag sträcker ut höger hand och tar en ny lerklump från bordet intill och slår ner den ovanpå den centrerade leran som snurrar framför mig, väter händerna igen och trycker ner den. Ännu en ny skakande och oregelbunden lerklump förenar sig med den tysta och lugna leran som jag just har tämjt. Långsamt arbetar jag mig igenom den lilla högen av lerklumpar, en efter en tämjs de och förenas till ett stort centrerat berg av lera på den snurrande skivan. Snart kan jag börja leta efter en form i detta lerberg.

Samspel människa – material

Som konsthantverkare samspelar vi på ett nära och nästan intimt sätt med material och verktyg. Allteftersom lär vi oss att lyssna på materialet, vad det kan erbjuda och vilka begränsningar som finns, så anpassar vi oss till vad som är möjligt inom detta samspel. På så sätt lär vi oss att arbeta *med* materialet i stället för att tvinga det. Med åren samlar vi på oss en djup erfarenhetsbaserad kunskap, som förkroppsligas och blir en del av oss. Lera är ett naturligt förekommande material, och att arbeta med naturmaterial medför också idén om att vara i kontakt med den materiella miljö som omger oss. Genom konsthantverket kan vi på sätt och vis vara i förbindelse med vår omgivning, då det vi gör genom våra handlingar direkt påverkar den, om än i liten omfattning. Vi påverkas och ändras också själva, vartefter vi reflekterar och växer i vår relation till materialen. Genom att vara uppmärksamma på hur materialen samspelar med oss kan vi också bli medvetna om det beroende och det ansvar som

(I) Jag centrerar leran, klös för klös. Foto: Hanna-Kaisa Korolainen

vi har gentemot vår materiella omgivning. Skapandet kan ge oss en möjligt att bli konkret medvetna om materialens egenskaper och hjälpa oss att inse på vilket sätt de är relevanta för oss. Konsthantverkets praktik kan bli en plats för mänskligt och materiellt samspel, som på ett subtilt sätt kan leda oss mot ett mer hållbart och respektfullt sätt att hantera material i vår omgivning. Kanske vi till och med kan förhålla oss *empatiskt* mot vårt material?

Erfarenhetsbaserad materialkunskap byggs upp genom år av samspel med, och utforskande av, vår materiella omgivning. Det är inte en process enbart för konsthantverkare utan är snarare en naturlig utveckling hos oss alla. I själva verket är det samspelet människa – miljö som ger oss den grundläggande kunskapen vi behöver för att agera och vara verksamma i denna värld; från att vi tar våra första steg till att skickligt kunna hantera komplexa materiella processer.

I boken *The Ecological Approach to Visual Perception* beskriver miljöpsykologen James Gibson hur organismer, såväl människor som djur, tar till sig och bearbetar information från sin omgivning genom begreppet *affordance* (affordans): ”Omgivningens *affordans* består i vad den *erbjuder* djuret, vad den *ombesörjer* och *tillhandahåller*, på gott och ont.” (”*The affordances* of the environment are what it *offers* the animal, what it *provides* or *furnishes*, either for good or ill.”) [1]

Gibsons teori om affordans är betydelsefull i relation till samspelet med material då begreppet förklarar hur vår omgivning inbjuder till meningsskapande på ett direkt och oreflekterat sätt, hur vår vilja att agera kan väckas av våra möten med olika material och det sätt dessa möjligheter presenterar sig för oss.

Att lära sig hur ett material beter sig när vi hanterar det sker först genom att vi ser resultatet av vårt agerande, och sedan lär oss att *re-agera* utifrån tidigare erfarenheter. Hjärnforskarna Riitta Hari och Miiamaaria Kujala, menar att människan befinner sig i en ständig *aktions-perceptions loop* (Action-Perception Loop) där hon är i kontakt med sin omgivning genom sina sinnen.[2] Enligt Hari och Kujala, är människan alltid en aktiv part i sitt samspel med miljön: människan söker information i sin omgivning och påverkas av den, men påverkar även i sin tur den miljö hon samspelar med.[3]

När det under samspelet uppstår friktion i hanteringen av materialen uppfattar vi gärna detta som att materialet gör motstånd och vi utmanas att ändra vårt beteende och vårt handlande för att hitta vilken väg framåt som materialet tillåter. Genom ett ständigt samspel med vår omgivning blir vi allt skickligare på att sensoriskt känna av och förutse hur vi nästa gång ska gå tillväga. Vartefter vi förstår vad som väntar oss, ökar vår kunskap om hur vi kan agera nästa gång. Så införlivas kunskapen i oss och vi kommer framdeles kunna arbeta med materialen utan att behöva göra medvetna val varje gång. Följaktligen lär vi oss att göra mer automatiska och mer sannolika förutsägelser i samspelet med materialet vi arbetar med. Att på detta sätt lära sig att arbeta *med* istället för emot materialen blir steg på vägen mot att utveckla skicklighet och expertis.

Med den här något vetenskapliga förklaringen av samspelet människa-material skulle vi kunna sätta punkt för den här diskussionen - men det finns en skillnad i hur processen upplevs fenomenologiskt. Samspelet med materialen förklaras ofta av hantverksutövare som en *dialog*, där materialens affordans och motstånd upplevs som en *aktiv handling* från materialets sida. Materialets beteende ses till och med ibland som en aktiv medverkande kraft i konsthantverkets tillblivelse. Även om en sådan besjälad och poetisk beskrivning inte kan accepteras av vetenskapssamhället, måste vi erkänna hantverkarens *erfarenhet* som verklig för hen själv och således är det viktigt att ge röst åt den erfarenheten inom den hantverksvetenskapliga kontexten.

Även teoretiker inom konsthantverksfältet beskriver samspelet med material i liknande termer. Antropologen Tim Ingold skriver att såväl konstnärens och som den skickliga hantverkarens roll är att följa med i materialets kraft och flöde ("join with the forces and flows of their materials.")[4] Han föreslår att när utövarna korresponderar med sina material ser de vad materialet erbjuder och låter det slutliga objektet formas genom att omrikta sitt eget flöde i relation till det som kan förväntas hända ("redirecting their flow in the anticipation of what might emerge") istället för att försöka styra materialet in i en förutbestämd form.[5]

(II) När berget av lera nu snurrar framför mig, fint och prydligt centrerat, erbjuds många möjligheter. I det här lerberget kan alla tänkbara former rymmas, så länge de är runda och ihåliga. Jag lägger mina våta, kalla händer ovanpå leran och söker efter mittpunkten, sedan pressar jag bestämt mina tummar ner i lerans buk. Jag lättar på trycket långsamt igen för att låta lite mer vatten droppa ner i hålet som jag har gjort. Jag fortsätter att pressa mina händer och handleder ned i det växande hålet, och övertalar leran att flytta sig undan mina händer. Det är ett tungt arbete och min rygg och mina magmuskler ansträngs när den hårda leran gör motstånd. När mina händer nästan är nere på botten av hålet ändrar jag riktning på trycket och börjar flytta lera från insidan och ut, så att håligheten blir större och väggarna blir bredare och tunnare. Nu när jag har tämjt leran genom att centrera den och erövrat dess inre, sätter jag händerna på var sin sida om leran, pressar lerväggarna från både in- och utsidan för att börja dreja upp väggarna. Men vänta... det är en liten oregelbundenhet i väggen... ett ställe i lerväggen är hårdare än resten av leran. Att en av lerklumparna var hårdare än de andra kommer jag nu ihåg att jag tänkte på när jag centrerade lerklumparna i början. Jag trodde att det skulle jämna ut sig, men uppenbarligen fanns det några hårdare korn i lerblandningen. Om jag nu fortsätter att dreja som planerat kommer den ena sidan att röra sig mindre än den andra, den kommer att bli tjockare och lägre samtidigt som den andra sidan kommer att växa sig tunnare och högre. Den hårda lerbiten kan också börja "vandra" innanför lerväggens insida när den fastnar under trycket av mina händer varje gång den passerar genom mina fingrar... Jag trodde att jag hade full kontroll, men nu får leran sin hämnd. Jag måste ändra på mitt agerande i och med den här nya situationen och förhålla mina händer på ett nytt sätt till den hårda leran för att inte misslyckas med att forma leran på ett balanserat sätt, och för att ändå lyckas hitta en form som jag är nöjd med. Jag är inte ensam i det här arbetet, det är inte bara jag här vid drejskivan; det är jag, leran och drejskivan tillsammans. Genom att bli medveten om den nya situationen, ändrar jag mitt sätt gentemot materialet och inser konkret mina begränsningar.

Materialets röst

Designforskaren Bilge Aktaş beskriver sin erfarenhet av att lära sig filta naturull i en exposition (utställningspublikation) med foton, teckningar, dagboksanteckningar och videofilmer i Ruukku, tidskrift för konstnärlig forskning.[6] Genom att vara uppmärksam på hur materialet beter sig så lyssnar hon på *materialets röst* och upplever vad ullen vill säga samt dess reaktion på hennes hantering av den. Hon skriver om den kraft materialet förmedlar, dess aktiva sätt att medverka i processen, det vill säga hur hon upplever dess beteende medan hon lär sig att arbeta med det. Hon besöker också ett antal fårfarmar i Turkiet där hon utforskar ullens ursprung och lär sig hantverket hos lokala hantverkare.

Bilge Aktaş använder sig i texten av teorier om *materiell agens* (material agency) som introducerats av icke-antropocentriska författare så som den politiska teoretikern Jane Bennet, kognitiva arkeologen Lambros Malafouris, och konstteoretikern Barbara Bolt med flera.[7] Det icke-antropocentriska omfattar tanken att människan inte är världens utgångspunkt och centrum, utan snarare är en del av världen tillsammans med allt annat, såväl besjälat som livlöst, omgivningens materia, flora och fauna.

I boken *Vibrant Matter* argumenterar Jane Bennett för att även själlösa material har en vital energi med kapacitet att påverka människor. Tanken är inte att beskriva en materiell avsikt, att materialen skulle ha en egen vilja och därmed kunna agera målmedvetet och meningsfullt, utan snarare att visa på obalansen som råder i hur människan behandlar material generellt, sett från ett sociopolitiskt, etiskt och till och med psykologiskt perspektiv. Tanken är också att åter koppla samman mänskligheten med miljön, som en påminnelse om hur nära vårt förhållande till materialitet är, och hur djupt beroende vi är av vår materiella omgivning och miljö.

Lika så, accepterar Lambros Malafouris att ett livlöst material inte kan utgöra en självständig aktör i en vetenskaplig mening, men han argumenterar ändå i artikeln *The Potter's Wheel* för en *delad agens* (distributed agency), det vill säga att materialet är en aktiv medspelare i ett större flöde av verksamma handlingar.[8] På samma sätt menar han att mänsklig agens inte är den enda aktören i skapandet av exempelvis en drejad skål, utan att leran, liksom den snurrande skivan, påverkar hantverkarens handlande och det slutgiltiga resultatet. På samma sätt kritiserar Barbara Bolt idén om konstnären som någon som använder materialet enbart för att uppnå sitt resultat.[9] Hon argumenterar i stället för att en ensemble (acting ensemble) av utförare, material och verktyg som leder till ett *med-framträdande* (co-emergence) ur vilken konsten uppstår.

(II) Leran är nu centrerad och redo att drejas. Foto: Hanna-Kaisa Korolainen

Idén att materialet är en aktiv samarbetspartner i den skapande processen är inte ny inom konsthantverksfältet, där det inte är ovanligt att animera och levandegöra både processen och materialet. Samtidigt som det är nödvändigt att dämpa och hålla emot en del av materialets krafter för att behålla kontrollen över slutresultatet, så är det också naturligt för konsthantverkaren att hitta nya idéer, lösningar och tillvägagångssätt just genom att vara öppen för vad materialet föreslår. Men detta är bara möjligt om utövaren är känslig och förmår att lyssna till materialens röst.

Tim Ingold skriver: "Som dansaren tänker genom kroppen, tänker konsthantverkaren genom materialet" ("As the dancer thinks from the body, so the artisan thinks from materials").[10] Utövarens händer ges ofta också en aktiv roll i formandet av tanken, och tänkande händer är en vanlig metafor i de här sammanhangen.[11] Konstnärer och konsthantverkare använder sig ofta av ett symboliskt och associativt språk när de beskriver sitt förhållande till sina material. Känslan av att föra en dialog, att vända sig till materialet och lyssna efter svar, är en direkt tolkning av materiellt engagemang och intuitiv förståelse för vad materialet vill, eller inte vill, medverka till.

(III) Samtidigt som jag anpassar händerna och fingrarna till den hårdare delen i lerväggen, märker jag också att den är torrare än resten av leran och jag behöver blöta den mer för att inte fastna med fingrarna och riskera att oavsiktligt driva bort klumpen från resten av lermassan. Jag låter vatten rinna från fingrarna ner för lerväggen och bilda pölar på lerskålens botten. Det långsamma arbetet med att dreja upp lerväggen och göra den allt tunnare tar längre tid än vanligt och leran hinner dra åt sig mer och mer vatten. Vattnet löser snabbt upp leran och allt blir mjukt och vingligt. Fatet jag drejar är ganska stort och farten på drejskivan börjar påverka jämvikten i fatet. Jag sänker farten på skivan innan centrifugalkraften börjar dra fatets väggar utåt och nedåt. Jag känner i händerna att jag inte har så många möjligheter kvar nu, lerans egenskaper styr varje steg från och med nu och det är inte mycket jag kan göra åt det. Jag blir lite rädd nu och är inte alls lika beslutsam som i början av processen. Om jag är mjuk och mycket försiktig hoppas jag att leran kan ge mig en chans till att försöka påverka fatets form. Långsamt trycker jag mina fingrar på var sida om lerväggen och för varje varv drar jag händerna successivt från botten uppåt. Jag vet att jag är utlämnad åt leran och att dessa drag är de sista jag kommer att kunna göra den här gången.

I dialog med materialet

Ordet dialog syftar oftast på samtal mellan två människor som har ett gemensamt språk. Men för den utövande konsthantverkaren innebär ordet dialog även icke-verbal kommunikation, där det dialogiska samspelet med materialet omfattar en förhandling om betydelser och emotionella aspekter som är förknippade med hantverksprocessen. Filosofen Ingar Brinck och psykologen Vasudevi Reddy skriver om det känslomässiga

(III) Jag känner lerans begränsning i mina händer. Foto: Hanna-Kaisa Korolainen

engagemanget som den här materiella dialogen för med sig. De hävdar att dialogen i sig, vare sig verbal eller icke-verbal, är det främsta sättet att förstå världen i stort.[12] De sammankopplar på så vis den materiella dialogen med ett allmänt meningsskapande mellan människor och deras omgivning där känslor spelar en vital roll.[13] I sitt exempel tittar de särskilt på dialogförhållandet med just lera, då de menar att leran är det material som bäst lämpar sig för en sådan materiell dialog.[14] Det beror, menar de, på att mötet med leran omfattar ”en känsla av att vara i kontakt med den fysiska 'verkliga' världen och därmed får leran representera förhållandet människa – miljö fenomenologiskt och metafysiskt”. (”*Feeling of being in contact with the physical or 'real' world, typifying the relation between human beings and their environment phenomenologically and metaphysically.*”)[15] Den intensiva kontakten med leran främjar ett kommunikativt, snarare än ett dominerande förhållningssätt till materialet som föder både respekt och en vilja att förstå materialet, men som också visar på ens egen plats i förhållandet till det.

(IV) Jag inledde den här drejningsprocessen med gott mod och en sund självkänsla, tänkte att jag bemästrade både processen och materialet. Men materialet läxade upp mig ännu en gång. Det satte mig på plats och jag tvingades att hantera den uppkomna situationen, finna mig i de begränsningar som visade sig för mig, respektera materialets motstånd och ändra mitt sätt på grund av detta. Men, jag lyckades. När jag hade nått den yttre kanten av det långsamt snurrande, våta och vingliga lerfatet, så stod det fortfarande upp. Men bara just precis. Det hade fortfarande en fin form, om än aningen på sniskan, men fatet är ganska stort. Den tog lång tid att göra den, att centrera all lera, att försiktigt dreja upp den trots alla dess ojämnheter och att forma den samtidigt som den nästan föll samman av utmattning. Jag hade nog blivit oerhört besviken om jag hade misslyckats. Vilken nesa det hade varit. Nu känner jag mig lättad, men helt åderlåten. Det var känslomässigt en ren berg-och-dalbana, jag var så rädd att misslyckas. Kroppen värker och först nu efteråt så känner jag hur hårt jag har spänt mig. Så fokuserad på processen var jag att min kropp blev ett med min vilja, med leran, rörelserna, vattnet, alltihop. Nu känner jag mig ganska tom... men hel. Jag undrar om leran är nöjd?

Görande som ett sätt att vara i och samspela med världen

Tim Ingold skriver om materialens *flow* som ett oavbrutet vardande i vars pågående gestaltning vi kan delta.[16] Genom att hantera material i den hantverkliga processen blir vi påtagligt medvetna om att materialet kommer någonstans ifrån, att det förändras genom samspelet med oss, och att vi lämnar ifrån oss det till ett liv efter detta. Genom min skapandeprocess så medverkade jag i lerans resa – från jorden, via mina händer och vidare till ett nytt liv som föremål som andra kanske kommer att hantera.

(IV) Leran har blivit drejad till bristningsgränsen. Foto: Hanna-Kaisa Korolainen

Samtidigt som fatet är ett resultat av mitt samspel med leran, är den också ett vittnesmål över den tid som gått. Den är ett minne för mig, jag som var närvarande när leran blev ett fat, men den förkroppsligar också de handlingar som skapade den. Handlingarna kan spåras genom föremålet av andra och kännas i kroppen hos konsthantverkare som har liknande upplevelser av att dreja med lera. Objektet speglar sålunda mina händers rörelser och mina spända muskler från dess tillblivelse, till när den våta ytan torkar och de mjuka formerna stelnar där de var när mina fingrar släpper lerans yta.

Som Tim Ingold låter ana så är själva görandet en utvecklingsprocess, men inte enbart i den meningen att något blir till. För konsthantverkaren är samspelet med materialen en personlig process, både fysisk och psykologisk. Vi utvecklar bokstavligen vår förståelse för materialets egenskaper, dess tillgänglighet och begränsningar. Men växer gör även förståelsen för våra egna förmågor och begränsningar, hur vi förhåller oss till material i allmänhet och till materiella processer i andra sammanhang.

När vi utvecklar vår förmåga till samspel med materialen så växer vår respekt för dem. Vi förstår att vi inte kan tvinga oss på materialen på ett sätt som de inte kan foga sig i. Vi blir något mer än vi var innan; vi blir till och utvecklas *med* objektet vartefter det växer ur våra händer. Brinck och Reddy skriver: ”Det är något med den kroppsliga erfarenheten av att göra en lerkruka som lockar fram en arketypisk, ursprunglig känsla av här-och-nu, ’vara-i-världen’, närvaro helt enkelt, fast mer ’vara-*med*-världen’ eller ’vara-*med*-leran’. (”There is something about the embodied experience of making pottery that calls forth an archetypical, primordial manner of being-in-the-world, of being there tout court, in the guise of a being-with-the-world, or rather, with-the-clay.”)[17]

Men kan detta pågående vardande bli statiskt? När vi utvecklas som människor och utövare så lär vi oss och tillägnar oss ny förståelse och skicklighet med varje föremål vi gör. Det finns inget målsnöre, ingen ände på hur mycket vi kan utvecklas. Detsamma gäller den kreativa processen. Den har i princip inget slut, bara stunder då vårt fokus skiftar mellan det förra objektet till det kommande. Kruxet är att avsluta processen innan verket blir överarbetat. Så länge verket är i en levande process, så kan allt hända, men när verket är färdigt så är processen avstannad, och utvecklingen är över. Från konsthantverkarens synpunkt är objekten bara spår av processer på vägen från en förståelse till en annan. När ett verk är färdigt är konsthantverkaren redan på väg någon annanstans, mot nästa frågeställning.

> När jag står där vid den färdiga lerkrukan drar jag försiktigt igång drejskivan igen, först långsamt och sedan lite snabbare. Den våta, vingliga leran verkar överraskad, som om den ville säga:
>
> – Vad gör du? Jag är inte redo att röra mig ännu, jag är så trött. Jag vill vara stilla, annars kommer jag att falla ned.

– Jag vet, det är lite ledsamt att säga adjö, vi har ju nyss träffats och på ett sätt skulle jag ha velat visa upp dig för mina vänner. Men å andra sidan, vi fick ju träffas och kanske är det var det viktigaste? Våra vägar skulle kunna ha skilts efter att du blivit bränd och glaserad, du kanske hade fått ett ganska långt liv och du kunde ha gjort någon lycklig. Men tänk om du skulle gått sönder, och hamnat i sophinken? På det här sättet kan du komma till liv på nytt, en annan gång.

Och så kollapsar fatets väggar av rotationen, det stora mjuka lerfatet störtar samman på drejskivan och jag stoppar dess snurrande. Jag lyfter den tunga och fuktiga leran i stora bitar och skrapar av resterna från drejskivan och lägger tillbaka leran i plastpåsen, för att behålla den fuktig och mjuk till en annan gång.

Min plats i världen

Om, som Ingold skriver, naturmaterial befinner sig i en ständigt flöde mellan ett tillstånd till ett annat, från en tid till en annan, så interagerar vi med materialet under en begränsad tid och i en begränsad form. Om vi då finner oss i att vi inte behöver dra ut på vår interaktion onödigt länge så befrias vi också från ansvar för föremålets framtid. Att släppa taget om objekten, att inte behöva äga dem, kan kännas ledsamt, till och med lite smärtsamt, men å andra sidan kan det också vara befriande. På samma sätt är vi människor här en begränsad tid, men de materiella objekt som vi lämnar efter oss blir kommande generationers ansvar.

Fatet jag just tillverkat var kanske imponerande i storlek, men samtidigt imperfekt och inte särskilt speciellt. Som hantverkare känner jag ansvar för vad jag gör med materialet, vad jag åstadkommit och vad som finns kvar av processen efteråt. Genom att tänka att jag kan tvinga materialet, kontrollera det eller att jag har rätt att bevara allt jag har gjort för alltid, så känner jag att jag motarbetar kommande generationer och deras rätt att göra detsamma – världen känns redan så full, redan tämligen förbrukad. När jag samspelar med leran får det mig att tänka på min plats på jorden som den minoritet jag representerar, som en besökare vars tid här är så mycket kortare än sandens, stenarnas, skyns, till och med en del av trädens. Vi som hantverkare kan kanske använda denna insikt om vårt ansvar gentemot materialen i andra sammanhang, utanför våra ateljédörrar, när vi hanterar den materialitet som finns i vår vardag.[18]

Genom att hantera material lär vi oss att lyssna på dess röst och vi kan engagera oss i att föra en dialog med det. Genom dessa erfarenhet lär vi oss att förutsäga vad för slags hantering ett material kan foga sig i, men vi övar också upp känslan för vad ett material kan erbjuda. Vår konsthantverkliga verksamhet involverar oss i materialen till den grad att de blir en del av oss – våra tankar och vår kunskap förmedlas således genom materialet, verktygen och våra handlingar, tills de blir synliga i verken.

I processen växer förståelsen av vårt förhållande till materialen i en vidare mening. Genom att vara uppmärksamma på de samspel vi har med våra material så ges vi möjlighet att lära oss att respektera dem på ett nytt sätt. Och genom att göra det så kan vi kanske också bli medvetna om vårt beroende av naturen omkring oss. På så sätt kan vi jämna ut hierarkierna mellan det mänskliga och det icke-mänskliga. Materiell interaktion, genom konsthantverk, ger oss en möjlighet att tänka annorlunda om världen, och om vår plats i den.

Tankarna denna essay bygger på har utvecklats i samtal med Bilge Aktaş, då vi skapade kursen Human-Material Interaction för Aalto-universitetets konststudier (UWAS) tillsammans, som nu erbjuds studenter från tvärvetenskapliga program.

Slutnoter

1 James Gibson, *The Ecological Approach to Visual Perception* (New York: Psychology Press, 1986), 127.
2 Riitta Hari och Miiamaaria Kujala, 'Brain Basis of Human Social Interaction: From concepts to Brain Imaging'. *The American Physiological Society.* 89, no. 2 (2009), 453–79.
3 Ibid. 457.
4 Tim Ingold, 'Being Alive: Essays on Movement, Knowledge and Description', (London: Routledge, 2011), 213.
5 Ibid. (2011), 213.
6 Bilge Aktaş 'Using Wool's Agency to Design and Make Felted Artefacts', *Studies in Artistic Research/RUUKKU*, no. 10 (2019).
7 Jane Bennett, *Vibrant Matter: A Political Ecology of Things* (London: Duke University, 2010); Lambros Malafouris, 'At the Potter's Wheel: An Argument for Material Agency'. In *Material Agency: Towards a Non-Anthropocentric Approach*, eds. Carl Knappett and Lambros Malafouris (New York: Springer, 2008); and Barbara Bolt, 'Material Thinking and the Agency of Matter', *Studies in Material Thinking*, 1, no. 1 (2007), 1–4.
8 Malafouris, *Material Agency*, 35.
9 Bolt, 'Material Thinking'
10 Tim Ingold, 'Toward an ecology of Materials', *Annual Review of Anthropology*, no. 41 (2012), 437.
11 Pallasmaa, *The Thinking Hand*; Camilla Groth, 'Making Sense through Hands: Design and Craft Practice Analysed as Embodied Cognition'. PhD diss. Aalto University, Espoo, Finland (2017).
12 Ingar Brink och Vasudevi Reddy, 'Dialogue in the Making: Emotional Engagement with Materials', *Phenomenology and the Cognitive Sciences* (Netherlands: Springer, 2019) 20.
13 Se också Mark Johnson, *The Meaning of the Body: Aesthetics of Human Understanding* (Chicago: Chicago University Press, 2007).
14 Brink and Reddy, *Dialogue in the Making*, 3.
15 Ibid., 6.
16 Ingold, *Towards an Ecology.*
17 Brinck och Reddy, *Dialogue in the Making*, 6.
18 Se också Aktaş, and Groth. (2020)

Making as a Way of Interacting with the Environment
Camilla Groth

(I) The flat and cold metal wheel is turning in front of me, but I'm looking at the lump of clay in my hand. Lifting my hand high, I bang the clay down in the centre of the flat turning surface – splash – excess clay splatters to the sides of the basin surrounding the wheel head. I dip both my hands in the water bucket next to me, it is cold and wet. I pull back my wet hands and place them on either side of the turning ball of clay. My hands slide easily over the irregular and jolting clay surface as I press my hands down on the clay, forcing it to stay in the middle and pushing it down. The clay stops jumping and moving under my hands and conforms kindly to the space between my fingers. The clay surface is running out of moisture and my hands are not slipping over the surface as easily as before; the sticky clay surface tries to catch my fingers in its muddy contact with me. I slowly ease the pressure and let go of the clay, just before getting sucked in and getting stuck. I lift my right hand, stretch out for a new ball of clay from the table next to me, and bang it down on the centred piece of clay turning in front of me. I wet my hands again and press down, merging the new jumping and jolting bit of clay with the quiet and calm clay that I tamed earlier. Slowly, I work through the little mountain of clay balls, and one by one, they are tamed and merged into one large centred mountain of clay on the turning wheel head. Soon I can start looking for a shape in this mountain.

Material Manipulation

As craft practitioners, we interact closely and intimately with materials and tools. As we learn to listen to the voice of a material, to the possibilities and limitations it presents, we adjust our intentions to what is feasible in this human-material interaction. In this way, we learn to work with the material rather than forcing our will upon it. Through the years, a solid and deep experiential knowledge grows forth that becomes embodied in our souls, becomes part of who we are. When working with a natural material, such as clay, the source of the material may be present in the work presented, but also as an idea about connecting with the environment on a larger scale through the interactions with the material. Through craft practice, we have a direct channel for interacting with our environment, as what we make changes the material world concretely, even if in small ways. We are also changed ourselves as we reflect

(I) Centring clay on the wheel, piece by piece. Photo: Hanna-Kaisa Korolainen

and grow in this relationship. By paying attention to the material interactions we have, we may become aware of the dependency and responsibilities we have with materiality in general. Through the act of making, there is a possibility to become concretely aware of the nature of materiality and its relevance to us.

Craft practice can be an arena for such material interactions and may even subtly propose behavioural change towards more sustainable and respectful ways of handling materials and the environment. Perhaps this could even awaken a sense of *empathy* for the material?

Experiential knowledge of materials is built over years of continuous material interactions and explorations. This process is not reserved for craft practitioners; rather, it is a natural process that all of us engage in from the moment we are born. Our interaction with our environment teaches us our very fundamental skills of *being in the world,* from the ability to stand up and walk, to handling complex material processes in a skilful manner.

Environmental psychologist James Gibson describes the information pickup processes of organisms (human and animal) through the concept of affordance: 'The *affordances* of the environment are what it *offers* the animal, what it *provides* or *furnishes*, either for good or ill' (italics in the original).[1] Gibson's theory of affordances is important in relation to material manipulation because it explains how *meaning* is made in a direct and un-reflected manner by the sensory input we have from the environment, and it shows how material encounters invite us to act upon situations as they present themselves to us.

Now, in learning about a material's behaviour in relation to our actions with it, we experience the results of our actions and learn how to *re*-act according to what we have learned in previous encounters. Neuroscientists Riitta Hari and Miiamaaria Kujala explain how, through an *action-perception loop*, humans are constantly connected to their environment via their senses and the possible ways in which to act that define the individual-environment relationship.[2] Thus, they say, humans are active participants in their interactions with the environment: they search for information in the environment and are affected by it, but they themselves also affect the environment as they interact with it.[3]

In material manipulation, when the material properties are breached in some way, it is experienced as material resistance. In such cases we are challenged to rethink our behaviour and actions in order to find a way forward that the material affords. Through repeated interactions with our environment, we become more skilled at making sensory predictions of future interactions, for we learn what to expect and how we should prepare our actions next time we meet similar situations. This knowledge becomes 'embodied' in us, meaning that we are able to interact with the materials without having to reflect consciously over the actions we make. We thus learn to make even better predictions, and we develop our skills in relation to the material environment around us. Learning how to work with the material is a sign of developing expertise.

While the above explanation of an individual-environment relationship might be the end of the discussion, there is a difference in how this process is experienced phenomenologically. The process of learning through interaction with a material is explained by practitioners as a *dialogical relationship*, in which the material affordances and resistances are experienced as *actions* from the part of the material. The material is sometimes even seen as an active participant in the making of an artefact. While this animated and poetic description cannot be accepted by the scientific community, the practitioners' *experiences* are real and thus the voicing of them is important in the creative community.

Theoreticians who are closely involved with craft processes also describe the interaction with materials as a fundamental *joining of forces*. Anthropologist Tim Ingold writes that the role of the artist and the skilled practitioner is to join with the forces and flows of their materials.[4] Ingold also sugges ts that when practitioners correspond with materials, they follow the material properties to let the final artefact emerge by 'redirecting their flow in the anticipation of what might emerge', rather than by imposing form on the material.[5]

(II) As the clay mountain now turns before me, kindly and neatly centred, it offers many possibilities. All shapes possible may be found in this mountain of clay, as long as they are circular and hollow. I put my wet and cold hands on top of the clay and search for the middle, there I start pressing my thumbs firmly down into the belly of the clay. I ease my pressure slowly again to take some more water and drip some drops into the hole I made. I continue pressing down my hands and fists into the growing hole and convince the clay to move away from the passage of my hands. It is heavy and my back and belly muscles are strained as the stiff clay puts up resistance. When my hands are almost down in the base, I turn the direction of my pressure and start pushing the clay from the inside out towards the sides, making the hollow space wider and the walls thinner. Now that I have tamed the clay through centring it and conquering its inside, I put my hands on each side of the clay, pressing the clay walls from both the inside and outside to start the process of throwing up the walls. But wait... there's an irregularity in the clay wall... the clay is harder in one part than in the rest of the wall. One of the clay balls was harder than the others, I remember noticing that when I was centring the clay balls in the beginning. I thought it would blend out with the rest of the clay, but apparently there were some harder grains in the mixture. Now if I continue throwing the clay as planned, one side will move less than the other, it will be thicker and shorter while the other side grows thinner and taller. The lump of hard clay might also start wandering little by little inside the clay wall as it gets stuck in the pressure of my hands each time it passes between them... I thought I was in full control, but now the clay gets its revenge. I need to compensate for this new situation and adjust my hands to the stiff part of the clay, not to fail in my attempt to throw this clay in a balanced way, and find the shape that I'm happy with. I'm not alone in this process, it is not just me here at the wheel: it is me, the clay and the wheel together. By becoming aware of this new situation, I change my disposition towards the material and I concretely realise my limitations.

The Voice of the Material

Design researcher Bilge Aktaş describes her learning experience of felting with natural wool in an exposition article that displays images, drawings, diary notes and videos.[6] Through paying careful attention to the way the material behaves, she listens to the *voice of the material* and experiences the wool's properties and its reactions to her manipulation. She writes about the materials' 'agency', that is, how she experiences its behaviour during her interaction and learning process with it. She also visits a sheep farm in Turkey where she explores the origins of the natural materials she is using and spends time with traditional felt makers to learn the craft.

Aktaş draws on theories of material agency introduced by non-anthropocentrically inclined writers such as political theorist Jane Bennett, cognitive archaeologist Lambros Malafouris, art theorist Barbara Bolt and others.[7] 'Non-anthropocentric' means that rather than considering humanity as the starting point and centre of the world, human beings are seen as *part of the world,* together with animate and inanimate others, such as the material environment, flora and fauna.

In her book *Vibrant Matter,* Jane Bennett argues that even inanimate materials carry a vital energy that has the power to affect people. The idea here is not to argue for a material intentionality, or that materials have a will of their own and are thus able to act purposefully, but rather to point out the imbalance in how materials are treated by humans on a socio-political, ethical and even psychological level. Bennett's book also aims to reconnect humanity to our environmental dependency, as a reminder of how intimate our relationship to materiality is, and how dependent we really are on our material surrounding and our environment.

While acknowledging that material is not agentic in a scientific understanding, Lambros Malafouris argues for a *distributed agency*, where the material is an acting partner in the general flow of activities.[8] In this vein, he argues that human agency is not the *only* agent in the creation of, for example, a thrown pot, but that the properties of the clay and the movements of the throwing wheel also affect the cause of actions and the final outcome. Similarly, Barbara Bolt criticises the idea of the artist as someone who only uses materials as a means to an end.[9] She argues instead for the *acting ensemble* between the maker, the material and the tools, which leads to a relation of *co-emergence* whereby the art is brought into being.

The idea that materials are active collaborators in the creative process is not new within the community of craft practitioners, after all, it is not unusual to animate both the processes of making and the material itself. While it is clearly necessary to restrain some material forces in order to control the outcome of an artefact, a practitioner also know that the material sometimes offers new ideas,

(II) Centred clay ready to be thrown. Photo: Hanna-Kaisa Korolainen

solutions and directions to follow. This is only possible when the practitioner is sensitive and listens to the voice of the material.

Ingold writes: 'As the dancer thinks from the body, so the artisan thinks from materials.'[10] The practitioner's hands are also attributed an active role in the formation of thought, and thinking hands is not an unusual metaphorical notion in this context.[11] Artists and craft practitioners often use symbolic or associative language when describing their material engagement. The feeling of being in a dialogue, of talking to a material and listening to what it has to say, is a direct interpretation of the material engagement and the intuitive understanding of what the material will or will not comply with.

(III) As I take care to adjust my hands and the pressure of my fingers to the harder lump in the clay wall, I also notice that the lump is drier than the rest of the clay and that I need to wet that part of the clay more in order not to get stuck with my fingers and risk accidentally pulling the whole lump away from the rest of the clay body. I run water from my fingers on to the clay wall and it pools inside the clay pot as it runs all the way down to the base. The progression of slowly pressing the clay walls up and making them thinner takes more time than usual, and the whole piece gets wetted down and the clay is sucking more water. The water quickly softens the clay and the whole piece gets soft and wobbly. The pot is quite large and the speed of the spinning wheel is starting to affect the balance of the pot that is getting weaker and weaker. I slow down the speed of the wheel before the centrifugal force starts pulling the sides of the pot outwards. I know in my hands that there are not many choices for action left for me now; the properties of the clay are determining every step from now on, and there is little I can do to change that. I feel a bit scared and not at all as determined as in the beginning of the process. I hope that if I'm nice and very, very, careful, the clay could give me one more try at affecting the shape of the pot. I slowly press my fingers on each side of the clay wall and pull my hands up from the base towards the top, little by little, in each turn the pot takes, knowing that I'm at the mercy of the clay and that this is my last action, the last thing I'm allowed to do with the clay this time.

In Dialogue with the Material

While the word 'dialogue' is reserved for a conversation between two human beings who speak a common language, a craft practitioner engages in a non-linguistic dialogue with his or her material. This material dialogue, like any other, also involves negotiations of new meanings as well as emotions that are connected to the dialogical process. Philosopher Ingar Brinck and psychologist Vasudevi Reddy write about the emotional engagement that this type of dialogue with materials entails. They further claim that dialogue, whether verbal or nonverbal, constitutes a primary

(III) I can feel the limits of the clay with my hands. Photo: Hanna-Kaisa Korolainen

means for making sense of the world at large, animate and inanimate.[12] They thus connect the general sense-making that goes on between humans and their environment to meaning-making in which emotions play a vital part.[13] In their example they look closely into the dialogical relationship with clay because they consider clay the most approachable material as a conversational partner.[14] One reason for this, they say, is that the experience with clay includes a 'feeling of being in contact with the physical or "real" world, typifying the relation between human beings and their environment phenomenologically and metaphysically'.[15] Inasmuch as this intense engagement with a material encourages a dialogical rather than dominating relationship between self and material, the relationship nurtures respect and willingness to learn and to grow in understanding the material as well as to understand one's own place in relation to it.

(IV) I had begun the whole process briskly, with a good spirit and a healthy self-esteem, thinking I mastered the process and the material. But the material told me off again. It put me in my place, and I had to adjust to the emerging situation, respecting the limitations that presented themselves to me, respecting the material resistance and changing my actions because of this new situation. I did manage though. After reaching the rim of the slowly turning, wet and wobbling clay pot, it was still standing up. But only just. It was still a beautiful shape, a little off centre, but the piece is quite large. It took so long to make it, to centre all that clay, to carefully pull it up despite its irregularities and to shape it while it was about to fall over from fatigue. I would have felt really disappointed had I failed. What a shame it would have been. Now I'm relieved, but drained. It was such an emotional roller-coaster, I was so scared to fail. My body is in pain, I didn't notice how I strained myself until now. I was so focused on the process that my body became my will, the clay, the movement, the water, all in one. Now I feel kind of empty... but full. I wonder if the clay is pleased?

Making as a Way of Interacting with the Environment

Tim Ingold writes about the flow of materials as a constant process of becoming that allows us to join in the materials' ongoing formations.[16] By handling materials in a craft process, we become concretely aware that the materials came from somewhere, that they changed in our hands and that we leave them to have an afterlife. In my making process, I intervened in the clay's material passage – from the ground, through my hands and on towards a new life as an object that others might handle.

At the same time, the pot is a result of the moments of my interaction with the clay; it is the evidence of a sequence of time that passed. It is a memory for me, for I was there to experience it, but it also embodies the actions that led to its conception. These actions may be traced by others and felt in the body of other practitioners who, in their lives, have experienced similar interactions with clay. The artefact thus

(IV) The clay, thrown to its very limit. Photo: Hanna-Kaisa Korolainen

mirrors the movements of my hands and my strained muscles from the time of its conception; the wet surfaces might dry but the soft shapes stagnate into the form they were left in after my fingers let go of the clay surface.

As Ingold hints, the act of making is a process of growth, but not only in the sense that forms grow into being. For a craft practitioner, the process of interacting with a material is a personal process of growth, both physically and psychologically. Quite literally, we grow our understanding of the material properties, their affordances and limitations. But we also grow in our understanding of our own abilities and limitations in relation to materials in general and to material processes in other contexts.

In the process of interacting with materials, we come to respect them in a new way and see that we cannot force ourselves upon them in ways that the materials will not comply with. We become something more than we were, we 'become' with the piece as it grows out of the interaction. As Brinck and Reddy put it: 'There is something about the embodied experience of making pottery that calls forth an archetypical, primordial manner of being-in-the-world, of being there tout court, in the guise of a being-with-the-world, or rather, with-the-clay.'[17]

But should this becoming turn static? As we develop as persons and practitioners, we learn and acquire new skills with every piece we make. There is thus no finishing line, no end to how much we can develop. The same goes for the creative process; there is not really an end, there is just the moment when attention is turned from the previous artefact to the next. The crux is to stop in time, before the piece is overworked. When the piece is still in progress, there is a possibility for anything to happen, something unforeseen and new. When the piece is declared finished, it is as good as dead, the possibilities of growth are gone. From a practitioner's point of view, artefacts are signs of processes, on the way from something to somewhere. When the piece stagnates, the practitioner is already somewhere new.

> Standing in front of the finished clay pot, I gently pull the handle of the throwing wheel and the wheel head starts turning again, first slowly then a bit faster. The wet wobbly clay seems surprised at the speed, as if saying:
>
> — What are you doing? I'm not ready to move yet, I'm also tired. I want to be still or else I will fall over.
>
> — I know, it is a bit sad to say goodbye, we only just met each other and in a way I would have loved to show you off to my friends. But on the other hand, we did get to meet and maybe that is what matters most? We could have parted after you were fired and glazed, you might have lived on for quite a while and you could have made someone else happy. But what if you broke and ended up in the dustbin? This way you can come alive again, another time.
>
> And so, the clay walls collapse in the turning force of the wheel and the big soft clay pot is thrown down flat on the wheel head, and I stop the wheel

from turning. I lift off the heavy and soft clay in large chunks and scrape off the rest of it from the wheel and put it back into the plastic bag, to keep it wet, for another time.

Seeing My Place in the World

Since natural materials are in a constant flow of passing from one form to another and from one time to another, we come to interact with them in a limited time and space. Accepting that we do not need to prolong this interaction unnecessarily means that we are also freed from taking responsibility for the material artefact. Letting go of artefacts, not having to own them, may be sad or even a bit painful, but on the other hand, it can also be a relief. In a similar way, we as humans are also here for a limited time, but the material artefacts that we leave behind will become the responsibility of generations to come.

The piece I just made was maybe impressive in size, but imperfect and in a way not very special. I prefer to make a new, better piece to keep. As a practitioner, I feel responsible for what I do with the material, what I cause and what is left in this process. By thinking that we can dictate the material, control it or that we should preserve all that we have built in it forever, we go against future generation's right to do the same – the world is already full, already quite used up. Interacting with materials can help us understand our place in the world as a minority, as visitors who stay here a much shorter time than the sand, the stones, the sky or even some of the trees. We can use this understanding about our responsibility towards materials in other contexts too, outside the studio doors, in our behaviour with everyday materials.[18]

In the process of manipulating materials, we learn to listen to their voices and engage in material dialogues. Through our experiential knowledge, we predict what the materials will comply with but also learn to be sensitive to the suggestions they offer. Through craft practice, we thus become concretely entangled in materiality to the point that the materials become embodied in us – our thinking and knowing are mediated through the tools and the artefacts.

Through this process, we can grow in our understanding of our relationship with materiality on a larger scale. By paying attention to the material interactions we have, we might learn to respect materials in a new way. By doing so, we might become aware of our dependency on the natural environment and our responsibilities in relation to it and thus level out the hierarchies between the human and the non-human. Material interaction, through craft practice, enable us to think differently about the material environment and our place in it.

The theoretical framework that this essay partly builds on has been developed in dialogue with Bilge Aktaş, with whom I developed the course Human-Material Interaction for the University Wide Art studies (UWAS) at Aalto University in Finland.

Endnotes

1 James Gibson, *The Ecological Approach to Visual Perception* (New York: Psychology Press, 1986), 127.
2 Riitta Hari and Miiamaaria Kujala, 'Brain Basis of Human Social Interaction: From concepts to Brain Imaging'. *The American Physiological Society.* 89, no. 2 (2009), 453–79.
3 Ibid. 457.
4 Tim Ingold, 'Being Alive: Essays on Movement, Knowledge and Description', (London: Routledge, 2011), 213.
5 Ibid. (2011), 213.
6 Bilge Aktaş 'Using Wool's Agency to Design and Make Felted Artefacts', *Studies in Artistic Research/RUUKKU*, no. 10 (2019).
7 Jane Bennett, *Vibrant Matter: A Political Ecology of Things* (London: Duke University, 2010); Lambros Malafouris, 'At the Potter's Wheel: An Argument for Material Agency'. In *Material Agency: Towards a Non-Anthropocentric Approach*, eds Carl Knappett and Lambros Malafouris (New York: Springer, 2008); and Barbara Bolt, 'Material Thinking and the Agency of Matter', *Studies in Material Thinking*, 1, no. 1 (2007), 1–4.
8 Malafouris, *Material Agency*, 35.
9 Bolt, 'Material Thinking'.
10 Tim Ingold, 'Toward an ecology of Materials', *Annual Review of Anthropology*, no. 41 (2012), 437.
11 Pallasmaa, *The Thinking Hand*; Camilla Groth, 'Making Sense through Hands: Design and Craft Practice Analysed as Embodied Cognition'. PhD diss. Aalto University, Espoo, Finland (2017).
12 Ingar Brink and Vasudevi Reddy, 'Dialogue in the Making: Emotional Engagement with Materials', *Phenomenology and the Cognitive Sciences* (Netherlands: Springer, 2019), 20.
13 See also Mark Johnson, *The Meaning of the Body: Aesthetics of Human Understanding* (Chicago: Chicago University Press, 2007).
14 Brink and Reddy, *Dialogue in the Making*, 3.
15 Ibid. 6.
16 Ingold, *Toward an Ecology.*
17 Brinck and Reddy, *Dialogue in the Making*, 6.
18 see also Aktaş, and Groth (2020).

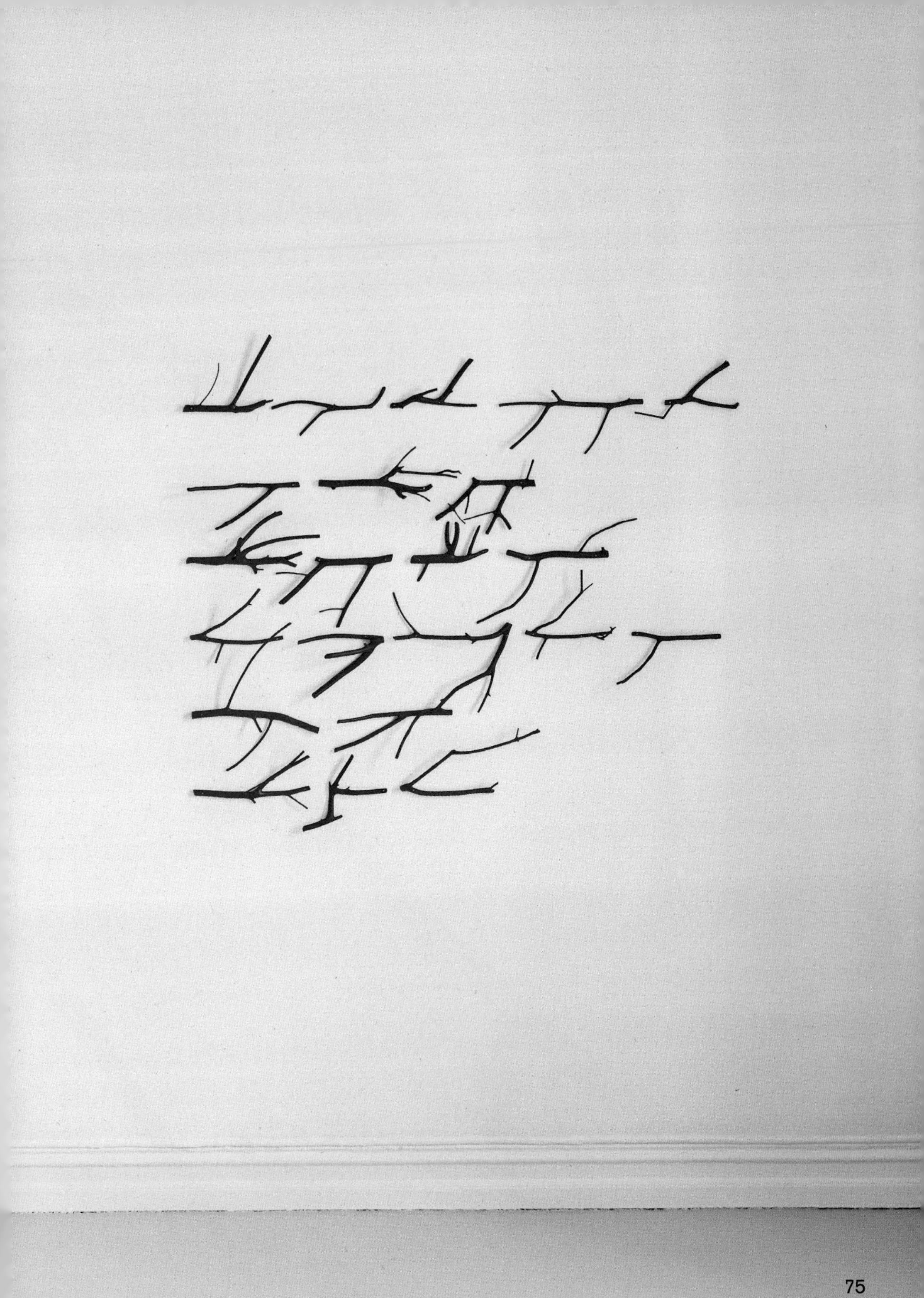

Fugitive Nature

Jessica Hemmings

What defines textiles? To answer this, we often rely on standard descriptive categories of their materials: wool and silk are protein fibres from animal sources; cotton, flax, jute and bamboo are plant based; synthetics such as nylon, polyester and acrylic are often derived from petroleum. Things get murkier when defining rayon and cellophane, materials which are 'manmade' but plant-based. Less familiar still are mineral-based textiles such as glass fibres and asbestos, which we now know to be carcinogenic. Despite these varying compositions, textile materials share a common quality: relatively short life spans. The textile historian Jennifer Harris describes them as 'materials inherently prone to decay',[1] while, as the anthropologists Jane Schneider and Annette Weiner acknowledge, 'The softness and ultimate fragility of these materials capture the vulnerability of humans, whose every relationship is transient, subject to the degenerative processes of illness, death, and decay.'[2]

Because textiles are so vulnerable, we have learnt about our oldest examples not through their materials – which have long vanished – but through imprints fibres have left on surfaces such as clay.[3] In fact, dress historian Kassia St Clair suggests that the Iron and Bronze ages could just as easily have been named Pottery and Flax: 'Technologies using perishable materials, such as wood and textiles, may well have been more pivotal in the daily lives of the people who lived through them, but evidence of their existence has, for the most part, been absorbed back into the earth.'[4]

Materials with such fleeting lifespans inaccurately signal that their character is benign. Textiles are unstable, but the traces of their production are often far more permanent. Water plays a significant part of the production of textiles.[5] Cotton is notoriously thirsty – both as a crop and later in the volume used during washing and the energy needed to dry absorbent material.[6] Synthetic fibres tend to be less absorbent, but they are now acknowledged to shed microfibres.[7] When the British arts and crafts maker and writer William Morris described a crystal-clear Thames River flowing through London and teeming with salmon in his utopian novel *News from Nowhere* (1890), he made one of many projections into an imagined future which has not come to pass.[8]

Morris wrote *News from Nowhere* at the turn of the nineteenth century and situated his vision of a utopic life in the twenty-first century.[9] As the literary historian Elizabeth Carolyn Miller notes:

The future society of Nowhere has overcome environmental pollution and overproduction by thoroughly internalizing the values of craft, durability, and preservation – central values of the Kelmscott Press. Achieving such a balance requires resistance to novelty as well as a commitment to making objects that bear conserving.[10]

Hedvig Winge, *Porcelain Piece* (2020), detail. Photo: Hedvig Winge

Nearly two decades on from his utopian projection,[11] 'Morris's writing as well as his design [continues to call] our attention to material persistence and to the limitations of a capitalist conception of waste as that which readily disappears.'[12]

Inspiring alternatives that offer material responses to Morris do exist. Australian researcher Dr Donna Franklin's *Fibre Reactive* (2004), for example, is a 'garment' made from live orange bracket fungus.[13] The work questions, among other things, if textile colour could be grown, rather than added with dye.[14] Experiments such as Franklin's work with fungus attend to the overlooked potential of our natural world and how we may create 'connections across human and nonhuman, and the ethical and moral responsibilities we have in terms of care for the environment'.[15] Even when poetic in character, such challenges are crucial to our future work with materials if we are to adjust current rates of consumption and pollution. The original form of *Fibre Reactive* now exists as a photographic trace;[16] the fungi are currently dormant but will, under the right conditions, regenerate.[17] The artistic practices discussed here – Alma Heikkilä, Charlotta Östlund, Hildur Bjarnadóttir, Hedvig Winge, and Britta Marakatt-Labba – also share an acute attention to the human and nonhuman and care for the environment; concerns Morris's novel confronted over a century ago. Emphasising the poetic, many of the works discussed fully accept the transient nature of their materials – not as materials that 'readily disappear' – but as materials recording and reflecting constant change.

Hildur Bjarnadóttir, *consensus* (2017), detail. Photo: Susann Jamtøy

Alma Heikkilä

Finnish artist Alma Heikkilä is a founding member of The Mustarinda Association, 'a group of artists and researchers, whose goal is to promote the ecological rebuilding of society, the diversity of culture and nature, and the connection between art and science'.[18] Heikkilä's large-scale paintings include replicas of a world we cannot see, either because the microscopic scale makes organisms imperceptible to the naked eye, or because they simply live in spaces within our bodies or the earth that we cannot visually access. 'I do things together with materials; materials do a lot themselves', Heikkilä explains of her painting practice, which combines industrially produced colours with pigments she creates from fungi and plants.[19] Her precarious materials leave her 'not entirely in control' and 'are not entirely unique' – a place that suits her concerns about human obsession with our own individuality,[20] echoed in Morris's *News from Nowhere*. Heikkilä also welcomes natural light – 'the greatest enemy of textiles of all kinds'[21] – into the gallery to create a viewing context that is unpredictable and influenced by weather patterns outside. Inviting change inside her exhibitions, she offers a critique of museum culture that risks valuing the physical artwork more than the surrounding society.[22]

Charlotta Östlund

The Swedish-born artist Charlotta Östlund's education in ceramics left her feeling limited by a single material. In recent years she has focused on 'generic' materials grown by nature – urban plants which are 'close to human life'.[23] She harvests as many of her plants from wastelands and parking lots as from public forests and her mother's land.[24] Collecting materials in the autumn and winter 'when only parts are left' means her selected materials already carry stories of fragility and decay. For some works Östlund needs to buy flowers in bulk, both to acquire the volume but also the consistency of petals, which she then removes by hand. But even then, petals are prone to unpredictable change, and their aging depends not only on their type and colour but also the environment of their growth, as well as decay, and – much like the textile – light levels in the gallery.

In some works, Östlund 'mends' broken elements, an act she describes as her 'reverence for the richness, as well as the fragility, of our environment, our existence and the biodiversity which surrounds us'.[25] What might look plucked from nature are in fact hybrid harvests of plants assembled on wire armatures that would not necessarily even grow in proximity to each other. *Bang* (2020) uses meter-long sections of thin steel wire to thread extremely delicate parts of plants such as a dandelion head or individual fern leaves. The wire, much like the drawn line, suggests the constant possibility of movement. It is difficult to know if we are watching these suspended parts explode or implode, or if this as a micro or macro model of our world. *Small Galaxy* (2018) suggests similar questions of scale: the sculpture is a composite of what were once different plants, now graced with berries of beads at the tips of each branch. Surprises are also hidden inside *Hiking Pole* (2018) where glitter decorates the rotten inner core – the perfect tool for an urban walk in search of a harvest of decay. As Schneider and Weiner acknowledged of the textile, Östlund's creations reflect our own human fragility, as well as the fragility of many of the social networks around us. Repairing the ephemeral is poetic work: impossible to achieve, and for Östlund, impossible to decline.

Hildur Bjarnadóttir

The remote geographic location of Iceland has encouraged an industry of genetic research.[26] This research often conjures problematic ideas of physical isolation equating to nature's purity. Another sort of close attention to lineage appears throughout the work of Icelandic artist Hildur Bjarnadóttir, but her work throws into question such simplistic categorisation. Since purchasing land and later moving to Þúfugarðar in the south of Iceland, Bjarnadóttir's practice has become rooted in the plants which grow in the immediate vicinity of her rural home. She carefully harvests the material growing around her feet and uses an evocative assortment of these local plants as textile dyes: common sorrel, meadow horsetail, sea mayweed, water avens, meadow buttercup, couch grass, yellow rattle, crowberry, sweet grass, common silverweed, variegated horsetail, northern bedstraw, tea leaved willow, yellow bedstraw, common cottongrass, and woolly willow. While the dyes Bjarnadóttir selects for her use are literally grounded in the immediate vicinity of her home, they are used to colour silk – a material far from indigenous to the landscape of Iceland, although small-scale sericulture experiments have been undertaken.[27] 'Basically this work is deceiving', Bjarnadóttir offers, 'It looks poetic, peaceful and even sublime, but it has a hidden layer of truth in it...'[28]

Colors of Adaption (2020) emerges from pieces of textile works included in earlier exhibitions,[29] 're-sewn and adapted to fit the entrance of the F 15 gallery'.[30] Each cloth is dyed with one plant. Visible seams (as the work's title suggests) offer a reminder of earlier incarnations of the installation. Suspended in space, *Colors of Adaption* is at the mercy of changing light intensities – an analogue but chameleon-like ability to alter and shift in response to the surrounding light, the 'greatest enemy'.[31] Just as it is deceptive to imagine Östlund's urban harvest coming entirely from rural fields and forests, Bjarnadóttir explains that the 'innocent or idyllic colours' of her work 'contain so much actual information about the conditions of nature, that it is not untouched anymore, and probably has not been entirely "natural" for centuries'.[32] If we remain undeterred and continue to interpret a romantic idyll in her natural dyes, the work has one further lesson in store. Plant dyes are notoriously fugitive – prone to change colour and fade over time. The dyes used in *Colors of Adaption* were harvested in the summers of 2015 and 2016 – already marking fleeting moments on textiles with one of the shortest lifespans: silk.

Hedvig Winge

If we know our earliest examples of textiles through intimate imprints recorded in clay, Norwegian artist Hedvig Winge's performative installations invert this ancient history. Winge temporarily fixes the textile in porcelain to create intentionally instable installations. She describes the 'tension between the muddy and the delicate [...] the fine porcelain and the earth' as a balance each of her unpredictable works seeks.[33] Textiles, so notoriously disobedient to the lines of the white cube gallery space,[34] meet the equally unpredictable drying and cracking of porcelain. Clay is mixed and dry cloths hoisted in studio sketches, Winge explains, because 'I have a plan – a strict plan'.[35] But after the careful planning, 'then there is always this moment when the plan does not work: ropes twist, fabric goes in another direction or maybe tears, the rope is full of clay and cannot get through the pully...'[36] In thirty minutes the clay will start to set; helpers are often needed to move the heavy clay-saturated cloth, and in the moment of making, Winge must 'rely on sense and bodily experience'.[37]

Winge studied cellular biology, anatomy, physiology and biochemistry 'because I was, I am, interested in what is going on inside the body and how it works on the inside'.[38] She refers to seeing cell growth under the microscope 'like growing a painting'.[39] These interests are perhaps today reflected in her commitment to a practice of movement and chance. The bodily colours of many of her installations are created from textile dye, glaze, stains and oxide. While early artistic experiments worked to fix and fire paper, fabric and organic materials, she explains, 'I then turned the other way, to the more ephemeral, to the more temporary'.[40] Some works have been returned to her garden where the weather of the passing seasons has changed the materials' form, and microorganisms have taken up residence. But the majority of her work is made under literal tension and 'embodied in a strenuous way'.[41] 'The ongoing drama of the battle between the microscopic forces in viscosity, adhesion, absorption and gravitation, mixed with time and my own vision constrained by my physical ability',[42] remains a restless balance, she explains, of 'control and letting go at the same time – or not needing to control all.'[43]

Britta Marakatt-Labba

Answering her own rhetorical question Sámi artist Britta Marakatt-Labba explained at a recent lecture in Oslo:

> Is the textile medium too fragile and demanding to work with as an art form? Yes, yes, it is. And it is particularly so with embroidery. In my thirty years with this art I have at times worked against the wind...[44]

Until recent international recognition of her work at *Documenta 14*, Marakatt-Labba often faced questions about her commitment to embroidery. But she has defended cloth and stitches as 'my material. I grew up with traditional handicraft in the home'.[45] While narrative embroidery is not traditional in Sámi art or craft, Marakatt-Labba combines inspiration from Sámi storytelling traditions with Innuit traditions of storytelling through drawing and lithography.[46] She creates new works that often record 'Sámi epistemology and storytelling, where the worlds of the scared and the profane coexist in everyday life'.[47] The technique and scale of her stitching requires an enormous commitment of time: 'embroidery is so slow', she confesses: 'I need two lifetimes and hope I still have my eyes and my fingers.'[48]

Three recent embroideries, *Cosmos* (2020), *Seasons* (2019–2020) and *Shadows* (2019–2020), continue her career-long investigation into stitched narrative textiles. The individual faces in these embroideries wear red hats – a reference to the Sámi tradition of *Ládjogahpir* (horned hats) – which she explains 'were banned by Christians, but the Sámi were sly and put the hats back on, wearing the horns concealed at the back'.[49] In *Shadows*, the horned hats also appear on the horizon line in the shape of cast shadows. Sets of three or four stars, often the subject of rhymes in the Sámi language, represent female Sámi goddesses. The three goddesses represent the door which protects the home, hunting and fertility, watched over by a fourth, the earth mother, who, as Marakatt-Labba explains, 'tells the other three goddesses how to behave in this life and how to live on this earth'.[50] In the stitched paper work *Cosmos,* the stars look to be protecting certain individuals on journeys beyond the earth. Marakatt-Labba elaborates: 'The stars teach us how to behave with nature: you should never take more than you need for a day, of berries, or fish or wood for the fire. Pray your fingers know these limits and what you need to return to the same place [to collect] again.'[51]

Climate change is an inescapable reality where Marakatt-Labba lives; due to warmer winters, she recognises that the 'colours of the landscape are different than seen in my childhood'.[52] *Seasons* captures some of these changes. The Sámi language refers to eight, rather than four, seasons. 'But now we don't know which season is which – maybe in future we will lose the eight seasons. Ten years ago, midsummer would not have leaves on the trees, now everything has changed.'[53] Despite the harsh environmental realities of climate change and mining in northern Sweden, *Cosmos*, *Seasons* and *Shadows* are ultimately positive. They are works that refuse to accept defeat in the face of daunting political and environmental challenges: 'If we think all the time now about climate change...' she pauses, before concluding, 'I have to put some optimism into each piece, otherwise I can just lay down and die.'[54]

Endnotes

1 Jennifer Harris, ed. *Textiles 5,000 Years: An International History and Illustrated Survey* (London: Harry N. Abrams, 1993), 8.

2 Jane Schneider and Annette B. Weiner, eds., 'Introduction', *Cloth and Human Experience* (Washington and London: Smithsonian Institute Press, 1989), 2.

3 Brenda Fowler, 'Find Suggests Weaving Preceded Settled Life' *New York Times*, 9 May 1995.

4 Kassia St Clair, *The Golden Thread: How Fabric Changed History* (London: John Murray, 2018), 29.

5 'Sweden Textile Water Initiative Guidelines', www.stwi.se, 7.

6, 7 Nikolina Šajn 'Environmental Impact of Textile and Clothes Industry', *European Parliamentary Research Service* PE633.143, January 2019, 3.

8 William Morris, *News from Nowhere and Other Writings* (London: Penguin Books, 1993 [1890]), 46.

9 *News from Nowhere* was first serialised in 1890 for publication in the *Commonweal*, which Morris edited. Another edition was printed by Kelmscott Press, which Morris ran in 1892.

10 Elizabeth Carolyn Miller, 'William Morris, Arts and Crafts, and the Idea of Eco-Socialist Design', in *The Responsible Object: A History of Design Ideology for the Future,* ed. Marjanne van Helvert (Amsterdam: Valiz & Melbourne: Ueberschwarz, 2016), 44–45.

11 The 1993 Penguin edition of *News from Nowhere and Other Writings* notes 2003 as the date of Hammersmith Bridge described early in the novel, explaining that 1971 was the date used in the earlier *Commonweal.* See footnote 5, 410.

12 Miller, 'William Morris', 47.

13 Donna Franklin, 'Meaningful Encounters: Creating a Multi-Method Site for Interacting with Nonhuman Life through Bio Arts Praxis" PhD thesis, Edith Cowan University, Australia (2014), 14.

14 Jessica Hemmings, 'Second Skin', *Crafts Magazine*, March/April (2006): 34.

15 Donna Franklin, email to the author, 27 February 2020.

16 One dormant version of the *Fibre Reactive* dress is in the ArtinTide collection in Verona, Italy. A second version exists in Australia and is held in the artist's private collection.

17 Donna Franklin, email to the author, 27 February 2020.

18 https://mustarinda.fi/info

19, 20 Alma Heikkilä, Skype interview by the author, 16 Februray 2020.

21 Jennifer Harris, ed., *Textiles 5,000 Years: An International History and Illustrated Survey* (London: Harry N. Abrams, 1993), 8.

22 Alma Heikkilä, Skype interview by the author, 16 February 2020.

23, 24 Charlotta Östlund, Skype interview by the author, 21 February 2020.

25 Charlotta Östlund, email to the author, 26 February 2020.

26 https://www.wired.com/2015/03/iceland-worlds-greatest-genetic-laboratory/

27 https://icelandmonitor.mbl.is/news/culture_and_living/2018/10/17/icelandic_silk_produced_in_grundarfjordur_west_icel/

28 Hildur Bjarnadóttir, email to the author, 17 February 2020.

29 Textiles come from the *Colors of Belonging* exhibition at Bergen Kjøtt, Norway (2015) and also from *The Ecosystem of Color* exhibition (2016) at The Reykjavík Art Museum, Kjarvalsstaðir, Iceland.

30 Hildur Bjarnadóttir, email to the author, 17 February 2020.

31, 32 Harris, *Textiles 5,000 Years,* 8.

33 https://slamworks.se/beyond-the-object-2/artists-2/hedvig.html

34 Jessica Hemmings, 'Floppy Cloth: Textile Exhibition Strategies Inside the White Cube', *TEXTILE*, 17, no. 4 (2019), DOI: 10.1080/14759756.2019.1588688

35, 36, 37 Hedvig Winge, Skype interview by the author, 20 February 2020.

38, 39 https://slamworks.se/beyond-the-object-2/artists-2/hedvig.htm

40, 41 Hedvig Winge, Skype interview by the author, 20 February 2020.

42, 43 Hedvig Winge, email to the author, 27 February 2020.

44 Britta Marakatt-Labba, 'Agenda: New Materialism and Contemporary Craft', YouTube video of a lecture presented at the seminar 'Agenda Art and Craft: New Materialism and Contemporary Craft', Oslo National Academy of the Arts, 8 July 2019.

45 Britta Marakatt-Labba and Frida Åström, Skype interview by the author, 20 February 2020.

46 Britta Marakatt-Labba, email to the author, 1 March 2020.

47 https://www.documenta14.de/en/artists/13551/sami-artist-group-keviselie-hans-ragnar-mathisen-britta-marakatt-labba-synnove-persen-

48, 49, 50, 51, 52, 53, 54 Britta Marakatt-Labba and Frida Åström, Skype interview by the author, 20 February 2020.

Site-Responsiveness

Nicolas Cheng

In this essay, I will discuss the role of crafts in an 'entangled world', highlighting artists who pursue situated practices with long-term attitudes and commitments to nature, material sources and the histories that belong to specific places. Craft is a practice that is based on responsiveness, on the ability of response (response-ability) to traditions, to urgent questions, to materials, to technology, to others – both human and nonhuman – that are interconnected, bound together and entangled in the process and experience of making something. Today, due to the climate crisis and an unsustainable anthropocentric worldview, we are urged to look closer at crafts as practices that are situated and responsive to complexity. The definition, perception and utility of contemporary crafts are being re-discussed and re-considered at a time and in a world that is profoundly disrupted by the actions and choices of humans.

Making as an epistemological practice is profoundly entangled with a complex world system. This becomes especially clear if we think about the ways that making and craft practices are rooted in traditions, communities, histories and cosmologies, and how they are connected to a sense of place and to access to material resources (or the lack thereof). This way of knowing requires multiple responses from different perspectives – both human and nonhuman.

According to the feminist theorist Karen Barad, 'knowing is a distributed practice that includes the larger material arrangement. To the extent that humans participate in scientific or other practices of knowing, they do so as part of the larger material configuration of the world and its ongoing open-ended articulation'.[1] Barad argues that 'it is not an ideational affair or a capacity that is the exclusive birth right of the human', nor is it 'a play of ideas within the mind of a Cartesian subject that stands outside the physical world the subject seeks to know'. Rather, 'knowing is a material practice, a specific engagement of the world where part of the world becomes differentially intelligible to another part of the world'.[2] This way of knowing demands specificity and difference, and these in turn require that we learn to see from another position and point of view than those to which we are accustomed. In this sense, making and crafting become responsive to a particular situation, accessible via experiential learning across individual practices with distinct embodied cultures. When we as makers are able to situate our practice in a specific context or environment, and to respond to it in dialogue with others and across differences, then interconnected actions and behaviours become visible and can enable us to understand the world, especially in its present disrupted state.

We who live in the developed world have a globalised culture unhindered by geographical boundaries. But this perspective demands to be reconsidered. If we look closely at the urgencies of our time, particularly human-caused phenomena such as climate change and the mass extinction of species, there is a necessity for craft practitioners to reassess their materials, processes and actions – especially in today's information and internet age, where resources seem unlimited and everything is just one click away. The times we are in require us to rethink our roles, methods and responsibilities as craft practitioners, and to understand how our own actions and choices affect the world around us. One way forward is to uncover and make room for perspectives that are too often overlooked by an anthropocentric worldview.

Situated Practice

The works by Hildur Bjarnadóttir, Britta Marakatt-Labba, Riitta Ikonen and Karoline Hjorth that are included in the exhibition *Earth, Wind, Fire, Water* are about, and engage with, specific places and a sense of belonging. These artists are deeply concerned with the relationship between humans and nature, and with the potential of reconsidering this relationship in a world that is interconnected and disrupted by human-caused phenomena, that is, in a world where it is no longer possible to think in terms of opposites or dichotomies (e.g., human-nonhuman, craft-industry, object-subject, nature-culture). Their artistic practices attempt to understand crafting and making as processes that go beyond their studios' walls, and as ways of knowing that do not belong exclusively to self-reflective and self-reliant endeavours. Through their work, the artists establish a dialogue that is *sympoietic*.[3] This kind of dialogue is with multiple others, both human and non-human, and embraces situated practices within local entities and habitats, while at the same time addressing social and global environmental concerns. The works of both Ikonen and Hjorth, and of Bjarnadóttir, become site-responsive by engaging with a specific place and its inhabitants in a way that is ongoing and recursive. They therefore suggest that contemporary crafts not only exist in a traditional studio craft context but are entangled with the environment on a local and global scale, and with society in all its complexity.

As the poignant embroidery and appliqué works of artist Britta Marakatt-Labba remind us, a sense of place is related to a person's history with a certain place and their roots – it entails personal and collective memories and an understanding of how a community, animals, things, materials and memories are interconnected. Marakatt-Labba refers to motifs from Sámi history and mythology; her work often converges with her upbringing in a reindeer herding family on the Swedish side of Sápmi, and with a dialogue interwoven between past and present and between *duodji* (craft) and *dáidda* (art). Duodji in Sámi culture has a deep meaning and is intimately related to the flow of material, people and their surroundings.

Traditionally, craft has been related to a sense of place – its local history, people and experiential knowledge of a place. Locally produced objects, for instance marble objects from Carrara or glass from Murano, typically thrived economically and aesthetically, even becoming forms of currency and coveted goods to trade and exchange, thanks to the resources within a given territory. If we look at the first prehistoric examples of flint knapping – stone tools used by early humans that were systematically shaped with other stones by hand – archaeologists are able to trace the material origin by examining physical properties (colours, signs, and facets) and by measuring the symmetrical marks along the axis from thin to thick and from front to back. In this way, we begin to see a tooling knowledge unfold: from stone axes to hand tools, to ornaments and weapons. Material origin has contributed to creating a value system whereby a material originating from a specific geographical area has been invested with particular meaning, associations and functions. Today, as an effect of a globalised world and of industrial capitalism, it has become harder to connect with how things are made, understand where they come from, how materials are extracted and processed, by whom and at what cost. Material flows have become more opaque and harder to grasp. Furthermore, irreversible man-made climate disruption, overproduction, overconsumption, and widespread pollution affect our relationship with things and *how we make*. It is now essential, for us as makers and craft practitioners, to look closely at our own positions of responsibility in a complex world system. Hence, by situating our practices in a disrupted and complex world, we can gain a new understanding of materials, resources and processes, their impact and significance to other people, communities, species and natural environments.

Ecologist Eugene Stoermer and Nobel laureate atmospheric chemist Paul Crutzen coined the term 'Anthropocene' in 2000. They initially used it in the context of geology, referring to the influence of human behaviour on the earth and how it has irreversibly affected, over time, our planet's atmosphere, lithosphere and hydrosphere.[4] The term has gained momentum and is today widely and informally used by scholars, craft practitioners, journalists and broadcasters – also across fields of knowledge, from the arts and sciences to the humanities, politics, and more – to identify a proposed new geological epoch in the Earth's history, subsequent to the Holocene epoch. Today the term has gained popularity and appeals to a cross-disciplinary discourse, from the arts to the sciences. In her 2016 book *Staying with the Trouble: Making Kin in the Chthulucene*, scholar Donna Haraway discusses in depth her issues with, and criticism of, the term Anthropocene, and how a different word, 'Chthulucene',[5] might be better suited to an epoch of resurgence – a time of learning how 'to stay with the trouble of living and dying in response-ability on a damaged earth'.[6] Her criticism has in part to do with the very root of the word Anthropocene: *anthropos*. Haraway posits that 'a number of experts think of *anthropos* as the "one who looks up from the earth," the one who is earth-bound, of the earth, but looking up, fleeing the elemental and abyssal forces, "astralized".'[7] But if we want to change the story and learn how to live on a planet that is irreversibly disrupted by the effects of industrial capitalism, then we have to look closely at, and tell stories about, things that are earth-bound. Anthropologist Bruno Latour argues in a similar vein, especially now, in this catastrophic time of the Anthropocene, when what 'used to be called nature has erupted into ordinary human affairs, and vice versa, in such a way and with such permanence as to change fundamentally means and prospects for going on, including going on at all'.[8] In this sense, it is important to consider how contemporary craft practices can respond to and engage with such an urgent and complex problem. In particular, how can we, as craft practitioners of this timescape, reflect and react in symbiosis with the Earth, to find solutions with craft knowledge that lead to fundamental changes in our relationship with the Anthropocene?

What we call nature has often been taken for granted and considered largely available; it is now being depleted, and spatial settings, from local neighbourhoods to faraway places, are being disrupted by current extractive modes of resource management, from soil depletion to industrial mining, oil drilling and marine industrialisation. These phenomena are considered *hyperobjects*[9]: all-encompassing and distributed so vastly both in time and space, that they have affected most layers of the Earth, as well as human and nonhuman bodies.[10] Thus, what we today understand as 'local', or what we associate with a specific sense of place, is likely a reality profoundly affected by these phenomena. Hildur Bjarnadóttir engages with questions related to *hyperobjects* through on-site engagement, by re-activating local land and eco-systems, re-defining roles and dyeing methods essential to her artistic research. Central to her research is the question of how a place or a sense of belonging can affect the artist's knowledge in relation to questions of ecological destruction, and how one can eventually become site-responsive and cultivate responsibilities.

Stressing the importance of 'staying with the trouble' of a damaged planet that is not yet murdered,[11] Haraway suggests how the only way to do so is through 'generative joy, terror, and collective thinking'.[12] She points to the necessity to pull on a thread and begin to untangle the ball of meanings, and begin to trace through one thread and then another, to find tangles and patterns crucial to staying with the trouble in real and particular places and times at a particular moment in history for a particular group of people. She speaks of *string-figuring*[13] – in all of this, the goal is not to fix a problem or restore anything, for there is no way to go back to any ideal 'before'. A 'game-over attitude', waiting for the end of the world, is no solution either. What is possible, though, is to come together, to make together, to engage with each other in 'unexpected collaborations and combinations'[14] for a resurgent world.

Inspired by the experience and memory of her grandmother, who owned and tended to her own land, Bjarnadóttir acquired a piece of land called Þúfugarðar in 2012. This led the artist to re-connect with the land, as she made Þúfugarðar her home as well as studio. Most of the materials Bjarnadóttir has used in her textile works are self-harvested: from the wool she has collected from her flock of sheep to the dyes used in *Colors of Adaption*, her installation at Galleri F 15; the pigments for the dyes were in fact sourced in the summers of 2015 and 2016 from plants that the artist grew herself in Þúfugarðar. Bjarnadóttir's materials are thus intimately connected with the land, its memories and histories, and its plants, soil, air, root systems and ever-changing weather conditions affected by the *hyperobject* that is climate change. Bjarnadóttir, through her practice, responds to, and engages with, her local milieu in Iceland. One of her early examples is her exhibition *Flora of Weeds*, which involved transforming a church's entrance hall into a greenhouse. During the exhibition period, which lasted for two winter months in Reykjavik, she grew several species of weeds whose seeds she had collected from the neighbourhood surrounding the church. As Bjarnadóttir points out: 'I wanted to explore the church community's potential to talk about rootedness, up-rootedness and displacement. Choosing weeds for this exhibition speaks about hierarchy and categorisation outside and inside the church. Many weeds are not considered Icelandic, even after being here for over 60 years.'[15] For her latest work at Galleri F 15, *Colors of Adaption*, Bjarnadóttir continues to investigate related issues of belonging, rootedness and ecological disruption through her artistic interventions, thus decentralising humans in relation to other beings and understanding nature not as a resource but as a symbiotic collaborator.

Making Together With

Anthropologist Anna Tsing has termed our existence as an 'interspecies relationship': we cannot exist without microbes, spores and the multi-species landscapes in which we live.[16] Craft as a material practice, through the making and thinking processes that are at its base, has the potential to enable us to understand our own positions of responsibility in a complex world system and to become a tool for re-telling stories. In this sense, craft is a useful tool to reveal what is unnoticed. It helps us to see through what we thought we knew – to find a new way of understanding our world – by enabling us to observe how things are entangled. The qualities of a textile piece – as the works of Bjarnadóttir and Marakatt-Labba attest – render us able to understand how there is no separation between nature and culture, how things are surrounding us and how we surround them, how we are all interconnected in a *sympoietic* process. According to Haraway, '*Sympoiesis* is a simple word; it means "making-with". Nothing makes itself; nothing is really autopoietic or self-organizing. [...] *Sympoiesis* is a word proper to complex, dynamic, responsive, situated, historical systems. It is a word for worlding with, in company. *Sympoiesis* enfolds *autopoiesis* and generatively unfurls and extends it.'[17] Care and responsiveness are important aspects in Marakatt-Labba's work, as the artist is able to respond to the physical qualities of her material – a fold, a shadow, or visible line in the fabric – to evoke and relay through embroidery the stories of the land and its people. Care and responsiveness are present in Bjarnadóttir's practice too: the artist situated herself in a specific time and place, tended the land where she harvested her plants that she grew, eventually using them as sources of pigment for her plant-dyed silk tapestries. She responded to the site and to its inhabitants, in an ongoing and unexpected collaboration, adapting her own methods and making together with plants, soil, sheep, air and weather conditions through her artistic interventions – this represents an integrated axis of care with a specific landscape. It reflects a long-term attitude that extends beyond the physical space of the studio to directly engage with a site, its materials, memories, histories and manifold actors and species.

Infrastructural development and technological progress have increased individuals' accessibility to different places and affected our preferred modes of communication. As I write this text, the world is experiencing the COVID-19 virus.[18] Its spread through global air-routes raises new and urgent questions about globalisation, as we become aware of how much we have taken for granted: travel, accessibility to far-flung places and material resources, and the possibility to gather together, to make, and even to exhibit and share art. At the same time, NASA has been monitoring how the air-travel block to and from China has contributed to a significant drop in air pollution in the country: satellite images show a drastic clearing across the skies of China. The effects of the COVID-19 virus reveal how vulnerable we are as well as how the world and its biosphere are vulnerable because of how related and interconnected humans and non-humans are. This is an essential and ethical realisation that can lead to empathy and the cultivation of responsibility.

By 'making together with' and by responding to manifold entities, an ethos is developed towards daily processes of care that manifest an intimate relationship to resources, materials, places and human and nonhuman others. This ethos is evoked in the works of many of the artists included in the exhibition, not least in the collaboration of the Norwegian-Finnish artist duo Karoline Hjorth and Riitta Ikonen. Since 2011, they have photographed more than 100 seniors, presenting them as immersed in their natural environment, wearing sculptures made of natural materials from their surroundings. The seniors have sometimes also worked with Hjorth and Ikonen to make the wearable sculptures. In the photographs, human-nature-material appear to grow together, to become inseparable from each other. Hjorth and Ikonen's practice is mobile and flexible, and it is capable of inhabiting diverse local realms: the artists travel near and far away, from Norway to Japan, in order to carry out their project, and their project is adapted to many contexts. Each particular visual story reveals local qualities and raises specific questions on each occasion. Hjorth and Ikonen's involvement with the countries they travel to (a practice that may be not sustainable in the long term) and their engagement with the stories of the people who inhabit these places represents a different approach than Bjarnadóttir's, for her work is rooted in one particular place (Þúfugarðar). Furthermore, her processes are more time-consuming, dependent as they are on peculiar collaborators, starting from the plants grown by the artist herself. Yet Bjarnadóttir, Hjorth and Ikonen all work on-site and often need to respond to a particular and unfamiliar situation, as their studio space coincides with the site in which they immerse themselves. Not relying on a defined studio situation and on the comfort of specific sets of tools, materials and techniques that they are familiar with allows these artists to question and challenge themselves and their knowledge, together with and in a dialectic relation to others, both human and non-human. And especially through situated learning and making with others in their chosen contexts, they seek a new sense of place, of belonging with nature, and a response-able way of being in the world.

Craft as a practice is related to a multitude of histories, disciplines and ways of learning and making. By being situated in a site or context beyond the familiar studio setting, possibilities to understand vulnerability – our own as well as that of the sites and actors we work together with – are opened up, and we begin to understand interconnectedness. At the same time, we are confronted with norms and habits that we have come to internalise and sustain. Situated practices, making together with others, establishing ongoing dialogues with specific sites and collaborators, are all ways of knowing that enable us to understand our own positions of responsibility in a complex world system: the ways our actions and choices affect the world around us. Hence a new understanding of materials emerges, as well as of resources and processes, their impact on others and their significance for individual people, communities, species and natural environments. This understanding in turn offers the possibility of rethinking and reconfiguring our practices as makers and craft artists.

Endnotes

1 Karen Barad, *Meeting the Universe Halfway: Quantum Physics and the Entanglement of Matter and Meaning* (Durham, NC: Duke University Press, 2007), 379.
2 Ibid., 342.
3 The adjective '*sympoietic*' pertains to the noun *sympoiesis*. From Ancient Greek, *σύν* (sún, 'together') and *ποίησις* (poíēsis, 'an act or process of making').See also Donna Haraway, *Staying with the Trouble, Making Kin in the Chthulucene* (Durham and London: Duke University Press, 2016), 99.
4 For a more in-depth history of the term and its use, see Will Steffen, Jacques Grinevald, Paul Crutzen and John McNeill, 'The Anthropocene: Conceptual and Historical Perspectives', *Philosophical Transactions of the Royal Society A: Mathematical, Physical and Engineering Sciences*, vol. 369, issue 1938 (January 2011), 842–867.
5 Chthulucene, from the Greek term *chthon*, meaning 'earth', is an era of resurgence proposed by Donna Haraway. She proposes it as an alternative to Anthropocene, which is already an accepted definition of the present era, characterised by irreversible anthropogenic changes on the Earth. Chthulucene is associated with critters and things that dwell in or under the earth. See also Donna Haraway, *Staying with the Trouble*.
6 Haraway, *Staying with the Trouble*, 2.
7, 8 From the interview 'Anthropocene, Capitalocene, Chthulucene: Donna Haraway in Conversation with Martha Kenney', 223. https://lasophielle.files.wordpress.com/2017/07/ab1cd-artanthro_haraway_proof.pdf
9 Ecological theorist Timothy Morton frames global warming as a 'hyperobject', that is, an object that occurs over time and exists on a scale that is too large for human perception. Such an immense scale causes problems for humanity in seeking an ethical response, because only the symptoms of the problem can be observed, and not the thing itself. For more context, see Timothy Morton, *Ecology without Nature: Rethinking Environmental Aesthetics* (Cambridge, MA: Harvard University Press, 2009).
10 Timothy Morton, *Hyperobjects: Philosophy and Ecology after the End of the World* (Minneapolis and London: University of Minnesota Press, 2013).
11, 12 Haraway, *Staying with the Trouble*, 31.
13 For Donna Haraway, the term *string-figuring* refers to two string-figure games: one Indigenous Navajo game (na'atl'o') and the other, a non-Indigenous (cat's cradle).
14 Haraway, *Staying with the Trouble*, 4.
15 Hildur Bjarnadóttir, 'Textiles in the Extended Field of Painting' (Fellowship Thesis, Bergen Academy of Art and Design, 2016), 69.
16 Anna Tsing, 'Unruly Edges: Mushrooms as Companion Species', *Enviromental Humanities* 1 (1 November 2012), 144.
17 Haraway, *Staying with the Trouble*, 31.
18 Coronavirus disease 2019, a disease related to the SARS virus.

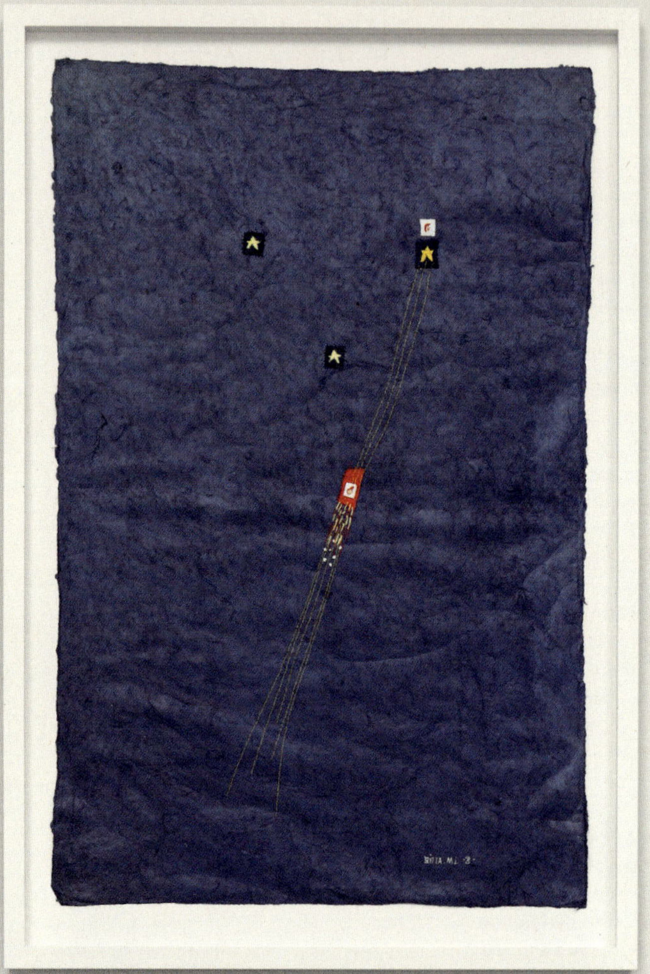

Viessovovdna

Ánne Márjá Guttorm Graven

Dán čállosis digaštalan dáidaga *Meahccetrošša/Matatu: "Eai čuovo mearriduvvon luottaid eai ge vissis njuolggadusaid"*. Dat lea čáladáidda davvisámegillii mii lea Alby Gård olgoseaidnái ceggejuvvon, man arkiteaktaoktasašvuohta Fellesskapsprosjektet å Fortette Byen (FFB)[1] lea dahkan. Dáidda lea ovdanbukton guovtti veršuvdnan, álggus Kárášjogas 2011:s, dalle ovtta bensinstašuvnnas, ja lea dál oassin čájáhusas *Earth, Wind, Fire, Water*, Jeløyas, 2020:s.[2]

Juohke olbmos lea iežas vuolggasaji, ja su geahččanguovlu. Dáiddáris lea su jurdda go hábme dáidaga, muhto loahpaloahpalaččat ii sáhte dáiddár stivret mo geahčči dan ádde. Čilgen dihte gos mun lean eret, mii mu vuolggasadji áddet dáidaga lea, ferten vuos muitalit muitalusa.

Dá lea okta máŋgga muitalusas man birra ii hállojuvvo jitnosit. Dá lea muitalus ovtta vearredagu, viessovovnna ja báikki birra Sámis. Bearaš dán muitalusas gullá boazodollui, sis lea geasseorohat guhkkin duoddaris, lagamus biilageaidnu lea máŋga miilla das eret. Ferte njealjejuvllagiin dohko johtit. Dávjá sáhtostuvvojit mánát dohko čáhcegirdiin, lea lossat galkkadit njealjejuvllagis máŋga miilla. Dán bearrašis leat sullii 20 olbmo geain lea mearka[3], ja dasa lassin leat vel sii geain ii leat mearka, sáhtášii várra geavahit doahpaga stuorrabearaš. 2000-logu álggus lei dán bearrašis dušše okta barta, guođohanbarta, geasseorohagas. Barta ii leat nu guhkkin eret mearkungárddis. Barta lea ceggejuvvon 60-70-logus ávdnasiiguin mat leat vižžon muhttin dáložis mii gaikkoduvvui, ja lea 45 kvadráhta. Ovdamearkka dihte giđđat go geasseorohahkii geasehit gálvvuid, muoraid čullet ja geasehit daid sihke bartii ja gárddi lusa, dahje geasset go áiddit galget divvojuvvot, ja deháleamos áiggi čakčat go lea miessemearkun, lea dábálaš ahte eatnašat bearrašis searválagaid barget. Eai leat oađđinsajit buohkaide, soapmásat fertejit láhttis oađđit, ja boradettiin lea oalle moivi. Leat maiddá mánát ja earát bearrašis geain lea allergiija beatnagiid vuostá, ja boazodoalus lea buorre boazobeana dehálaš, nu ahte máŋgasiin bearrašis lea maiddá beana. Lea čielga rehket ahte ii leat doallevaš dilli. Buohkat dárbbašuvvojit barggus, ja gullá maiddá boazodoallokultuvrii ahte buohkat galget searvat, maiddá mánát. Vai orrundilli buorrána mearriduvvo ahte galgá geasehuvvot viessovovdna duoddarii bartta báldii. Muhttimat bearrašis duddjojedje jálásiid bidjat viessovovdnii vai sáhtte skohteriiguin geasehit dan. Lea galmmas ja ruovdecuoŋu go geasehedje viessovovnna duoddarii, lea lossat geasehit viessovovnna ja sii ádjánit moanat tiimma. Viessovovdna doaibmá bures, ja bearaš birge hui bures dainna muhttin áiggi. Muhto bohtet ođđa mánát, ja sii dárbbašit vel ain eanet oađđinsajiid. Sii huksejit visttáža man laktet viessovovdnii, dál ii dárbbaš šat oktage láhttis oađđit go bearaš lea čoahkis, ja váttisvuođat allergiijain ja beatnagiiguin lea maiddá čovdojuvvon. Bearaš lea hui duhtavaš. De boahtá reive fylkkamánnis, das čuožžu ahte viessovovdna ii sáhte leat duoddaris, dat ii heive eanadahkii. Bearaš geahččala ákkastallat iežaset dárbbu, muhto ii das leat ávki. Loahpa loahpas čuovvu bearaš fylkkamánni gohččuma ja behtohallan geasehit viessovovnna fas márkanii. Muhto go jo bearaš ain dárbbaša oađđinsajiid, ja allergiija ii leat geidojuvvon eret, de mearridit ohcat stuoridit dan boares bartta. Ohcan hilgojuvvo ja ákkastallojuvvo sullii ná "Jus stuorida guođohanbartta 45m2:s 95m2:i de dat dagaha ahte barta oidno álkit luonddus ja nu dat váikkuha eanadaga guvlui negatiivvalaččat. Earret dan de ii váikkut guođohanbartta stuorideapmi ahte luondduvalljivuohta

Fellesskapsprosjektet å Fortette Byen, *Meahccetrošša/Matatu: Eai čuovo mearriduvvon luottaid, eai ge vissis njuolggadusaid* (Kárášjohka, 2011) (Jeløy, 2020). Govva: Eivind Lauritzen

váikkuhuvvo namuhan veare, go guovllus ovdalis jo leat visttit ja njealjejuvllatluottat." Mu oaivila mielde de hilgojuvvui ohcan estehtalaš ákkastallamiin. Ja de ferten jearrat: mii lea čáppat, ja gii galgá mearridit dan? Ii go vuogas guođohanbarta livčče leat lunddolaš oassin boazoguohtonguovllus? Lea dáid jearaldagaid ja dán muitalusa man mun smiehttagoađán go oainnán čáladáidaga.

Mun dulkon dáidaga iežan vuolggasajis, sápmelažžan. Lea veahá hástaleaddji hállat sámekultuvrra birra oppalaččat, go mii leat álbmot mii oanehis áiggis lea vásihan bággehuvvot rievdadit iežas eallinvugiid, ja leat stuorra erohusat min gaskkas álbmogin man muddui mii eallit luondduin. Mun goitge válljen hállat kultuvrralaš beliid birra sámi servodagas preseanssas, inge preterihtas, go ain leat olbmot geat seailluhit árbevieruid, ja dan lassin leat olusat geat háliidit váldit ruovttoluotta sámi identitehta ja kultuvrra, dainna maid dat mielddisbuktá.

Dáidda lea ráhkaduvvon muorraávdnasiiguin mat ovdal leamaš anus, ja daiguin lea cealkka "Eai čuovo mearriduvvon luottaid eai ge vissis njuolggadusaid" hábmejuvvon. Joar Nango, lahttu arkiteakta- ja dáiddárjoavkkus FFB lea čuovvovačča cealkán dáidaga birra "Teaksta čujuha sierra sámi ja davviguovllu birgejupmái. Birgenstrategiija mas lea sáhka rihkkut lágaid ja njuolggadusaid vai sáhttá hábmet iežas autonoma lanjaid ja vuogádagaid. Lea vuohki lihkadit, ja jurdagat man vuođul eallá."[4] Bustávaid hápmi lea boađus das ahte ávdnasiiguin ii leat dahkkon dađi eambbo go ahte juohke fiellu guhkkodat lea heivehuvvon hábmet bustávaid. Duojis ja ođđasisgeavaheamis lea ollu oktasaš, ja goappašagat leat dábálaččat sápmelaččaide. Go duddjo de vižžojuvvojit dávjá ávdnasat luonddus, ja olmmoš ohcá ávdnasiid main lea rivttes iešvuohta dan duodjái maid áigu duddjot. Duojis lea ávnnas mii muitala mo galgá hábmet, ja lea dehálaš duddjot ávdnasa mielde, čuovvut ávdnasa lunddolaš bagadeami. Maiddá ođđasisgeavaheamis mearrida ávnnas bohtosa buori muddui. Ođđasisgeavaheapmi lea leamaš dábálaš ekonomalaš sivaid geažil, muhto maiddá jurdagiin ahte ii galgga anihahtti ávdnasiid bálkestit. Boares fanas sáhttá seamma bures atnot visterohpin, ja ávdnasat stobus mii gaikkoduvvo sáhttá atnot olgovistin, guođohanbartan dahje masa leaš dárbu. Čábbodat lea dehálat duojis go ođđasisgeavaheamis.

Čáladáidda lea mu eatnigillii, davvisámegillii. Sámegielat leat UNESCO listtus mas leat máilmmi áitojuvvon gielat.[5] Davvisámegiella lea dat variánta mii sámegielain birge buoremusat, muhto go buohtastahttá majoritehtagielaiguin daid riikkain gos sápmelaččat árbevirolaččat orrut, de lea davvisámegielas vuollegis stáhtus. Lea čalbmáičuohcci dáidda, gáibida saji. Vistti olgoseainnit dego botkejuvvojit dáinna cealkagiin, mii midjiide geat áddet davvisámegiella dalán bidjá min jurddašit. Geat leat sii? Geat leat sii geat eai čuovo mearriduvvon luottaid? Oaivvilditgo ahte mii, geaidda giella gullá, eat čuovo vissis njuolggadusaid? Vai leago majoritehtaservodat mii ii čuovo daid? Ja guđemuš njuolggadusain lea sáhka, geas lea definerenfápmu?

Go jo čáladáidda hállá seamma giela go mun, válljen smiehttat ahte dat gulahallá muinna, ahte lea munnje ráhkaduvvon. Jus dat lea mu vuolggasadji, lea lunddolaš smiehttat ahte cealkagis čujuhuvvo majoritehtaservodahkii, ahte leat sii guđet eai čuovo mearriduvvon luottaid. Min kultuvrras leat mii oassin luonddus, ja luondu gullá maiddá eananvuložiidda, ja ovdal sápmelaččat bággehalle kristtalašvuhtii ledje maiddá min oktasaš ipmilat luonddus. Lean oahpahallan ahte in galgga guođđit luottaid iežan maŋis lundui, ja máidnasiin maid lean mánnávuođa rájes gullan lea dávjá morálan ahte galgá gudnejahttit luonddu. Ovdal lávve, bivdá eatnanvuložiin lobi idjadit, ja seamma berre dahkat ovdal cahkkeha dola ođđa báikái, ja ovdal hukse stobu. Ferte maiddá bivdit ráfi ovdal fárre ođđa stohpui, ja mun jáhkán dalle lea sáhka das ahte galgá bivdit ráfi dain sieluin geat leat dan dálus jo ovddežis. Ja olmmoš smiehttá ahte sii geat leat vázzán bálgáid min ovdal, jotket vánddardit iežaset guovlluin maiddá maŋábealde sin beivviid. Go bajásšadden

Jorbajeakkážis Kárášjogas 80- ja 90-logus lei ollu huksendoaibma luohkká alde gos mu mánnávuođaruoktu lea. Sii geat ledje sárgon viessosadjerájáid kártii, eai beroštan das ledjego das bálgát jo ovddežis. Ja nu gárte muhttimat hukset iežaset stobuid bálgáid ala dieđekeahttá daid birra. Vissis njuolggadus, mu mielas, livčče leat garvit huksemis bálgáid ala, dahje aŋkke bivdit lobi ovdal gihtii. Jus ledje jearrat, ii leat lihkká sihkkar ahte sii livčče sáhttit hukset daid sázuid siskkobealde mat ledje kártii sárgojuvvon. Jearran dihte lobi ferte idjadit báikkis. Jus lea oađđinráfi, de lea buresboahtin, ja nuppe láhkai, jus lea ráfehis idja de ii berre hukset.

Jus sirddán geahčastaga eret alddán, sáhttá čáladáidaga sáttasátni leat mu birra, min sápmelaččaid birra álbmogin. Go jo mii leat minoritehta, de leat mii geat spiehkastat servodaga norpmas. Min vuohki eallit sáhttá muhttin oktavuođain leat daid riikkaid lágaid vuostá gos mii orrut. Go jo mii sápmelaččat árbevirolaččat leat eallán dakkár vuogi mielde ahte ii leat sáhttán vuohttit min luonddus go leat vánddardan ja leamaš doaimmas, de lea dagahan ahte stuorra guovllut gos sápmelaččat ellet leat definerejuvvon ávdin meahccin, máŋgga sajis leat guovllut definerejuvvon álbmotmeahccin, ja dat lea mielddisbuktán gáržžidemiid sápmelaččaide geat johtet guovlluin. Boazodoallu maid rievdá ja ođasmahtto nu mo muđui ge servodat. Ovdal huksejedje sápmelaččaid darfegođiid, ja dat han eai oidnon nu bures luonddus, ja de miske ja šadde eanan go eai lean šat anus. Dál báhcet luottat badjeolbmuin go vudjet fievrruiguin, go ceggejit dárbbašlaš áiddiid ja gárddiid, go guohtuneatnamat leat gáržžiduvvon, ja go huksejit barttaid. Jus fas máhcan guođohanbartta muitalussii, de lea munnje váttis áddet mo ohcan stuoridit bartta hilgojuvvui, erenoamážit go smiehtan daid mearehis stuorra bartaguovlluid birra mat huksejuvvojit miehtá riikkaid, ja sin barttain leat eanet hivssegat go mis leat orrunlanjat iežamet ruovttuin. Erohus lea ahte gos min guođohanbarttat leat, ii leat celkon dat lea regulerejuvvon visttiide, muhto gos majoritehtaservodagas leat sin bartagávpogat leat definerejuvvon astoáiggeguovlun.

Dahje go ákkastallojuvvo stuorra bieggamillopárkkaid ovdii suddjen dihte globála birrasa, dan botta go nuppiin gieđain njulgestaga bilida guovlluid maid riikka eamiálbmot geavaha ceavzilis biebmobuvttadeapmái, mii dasa lassin seailluha áitojuvvon kultuvrra. Sápmelaččain ii leat fápmu defineret iežaset guovlluid, ja vaikke vel álbmogis lea iežas ipmárdus das makkár njuolggadusat gusket, de ii leat dat ipmárdus mii lea oktasaš almmolaš eiseválddiiguin. Orru dego mii álbmogin leat "menddo guhká" eallán luondduin, ja ahte dál lea menddo maŋŋit; lágat leat čállojuvvon, sárgát leat sárgojuvvon kártii, ja go mii dál guođđit luottaid lundui, de leat mii dat vearredahkkit.

Dáidaga giellavállјen sáhttá maiddá leat muittuhussan majoritehtaservodahkii ahte mii gávdnot. Lea nu čalbmáičuohcci buvtta ahte dan lea veadjemeahttun garvit, sáhttá dulkojuvvot jávohis huikkasin oažžut fuomášumi. Ahte čálus lea sámegillii muitala munnje ahte sápmelaš ferte spiehkastit iežas luonddus, oidnogoahtit, guođđigoahtit luottaid lundui, vai sus leat duođaštusat iežas eksistensii. Sápmelaččaid váilevaš definerenfápmu ja iešmearrideapmi iežaset guovlluin bágge min gulahallagoahtit nu mo majoritehtaservodat, maiddá luonddus.

1 Fellesskapsprosjektet å Fortette Byen sáhttá jorgaluvvot sámegillii ná Oktasašprošeakta čoahkáidahttit gávpoga, ja ásahuvvui 2010:s, lei dáiddár ja arkiteakta Joar Nango ja arkiteavtta guovttis Håvard Arnhoff ja Eystein Talleraas geat álggahedje prošeavtta.

2 Vuosttaš čájáhus dán dáidagis lei oassin Norgga Našunálamuseumas *Under 40. Ung norsk arkitektur* 2016:s. https://www.nasjonalmuseet.no/utstillinger-og-arrangementer/utstillinger-pa-turne/2017/under-40.-ung-norsk-arkitektur/

3 Olbmos ferte leat dohkkehuvvon mearka vai sáhttá eaiggádit bohccuid Norggas, muhto ii buohkain geat gullet boazodollui leat mearka. Orohaga mearkalohku ii čájet man galles duođas gullet ja servet boazobargguide. https://lovdata.no/dokument/NL/lov/2007-06--15-40#KAPITTEL_5

4 Joar Nango, oassi sitáhtas e-poastagulahallamis kuráhtoriin Randi Grov Bergeriin borgemánu 26. b. 2019.

5 https://unesco.no/kultur/truede-sprak/

The Caravan

Ánne Márjá Guttorm Graven

In this text I will examine the artwork *Meahccetrošša/Matatu: Eai čuovo mearriduvvon luottaid eai ge vissis njuolggadusaid*, a Northern Sámi text-based work that extends around the facade of Alby Gård on Jeløy. The artwork is created by the architect collective Fellesskapsprosjektet å Fortette Byen (FFB).[1] It was first exhibited at a gas station in Kárášjohka in 2011; now, in 2020, it is featured in the exhibition *Earth, Wind, Fire, Water* on Jeløy.[2]

Each and every person has a point of view, a perspective. Artists may have something particular in mind when creating their works, but they are ultimately unable to control how an audience will interpret them. In order to explain my point of view, my perspective when looking at FFB's work, I have to start with a story.

This is one of many stories we've learned to keep quiet about. It concerns a criminal act, a caravan, and a place in Sápmi. A reindeer herding family has its summer grazing land miles from the nearest regular road, on a mountain plateau. To get there the family mostly uses all-terrain vehicles, but because the road is long, tiring and bumpy, the children often travel by seaplane. This family has over 20 members, some of whom have their own 'reindeer mark',[3] but not all. You could call it an extended family. In the early 2000s, this family had only a small cabin on the grazing land. The cabin is close to a herding fence, an enclosure used when marking the reindeer in the autumn. The 45 square meter cabin was built with reclaimed materials sometime between the 1960s and '70s. In the 'high seasons' all family members need to join forces on the plateau, for instance in the spring when various goods need to be transported to the grazing lands, when wood is chopped and moved to both the cabin and the enclosure, in the summer when the fencing needs repair, or in the autumn, when the reindeer calves are ready for marking. There is not enough room in the cabin for everyone to have a bed, so some have to sleep on the floor, and mealtimes are a total chaos.

There are children and others in the family who are allergic to dogs. When dealing with reindeer, good herding dogs are crucial, so there are many dogs in this family too. It goes without saying that this situation is unsustainable. All hands are needed in the work. It's part of the culture of reindeer husbandry that everyone should participate, even children. To improve the living situation, the family decides to bring a caravan up to the plateau and place it beside the cabin. Someone in the family makes skis to fit under the van, to pull it up with snow scooters. On a cold spring night, with good, crusty snow, the caravan is dragged up to the plateau. It's a difficult operation, taking countless hours. Well situated, the caravan is a nice addition, and the family is satisfied with it for a while. But the family is still growing, and soon it needs even more space. A 'nail tent' is added,[4] so no one needs to sleep on the floor when the whole family is together. This also solves the allergy situation. The family is pleased. Then a letter from the county governor arrives, telling the family to dispose of the caravan, because it doesn't 'fit in' with the surrounding landscape. The family argues the case, explaining the need for the caravan, but is unsuccessful. In the end the family complies, dragging the caravan back down from the plateau in disappointment.

The family members decide to extend the existing cabin. This will solve both the sleeping space issue and the allergy problems. They apply for a permit, but the application is denied. The rejection letter says 'extending the cabin from 45m2 to 95m2 will make the cabin more visible, negatively affecting the surrounding landscape. Beyond this, a cabin will not have a significant impact on the local biodiversity, as the area is already so affected by other building structures and tracks.' The rejection seems to me to be based almost entirely on aesthetics. So questions arise: What is beautiful, and who gets to decide it? Would not a practical cabin in a reindeer herding area be considered a natural part of that landscape? These questions and the story behind them arise in my thoughts as I look at FFB's text-based work.

I interpret the work from my point of view, as a Sámi person. To speak in generalities when discussing Sámi culture is difficult. We're a people who, in a very short time span, have had our way of life forcibly changed, and the extent to which we live in harmony with nature varies throughout the Sámi population. Still, I choose to talk about cultural expression in the Sámi community in present tense, not past, as there are many who maintain our traditions, and many who wish to reclaim their Sámi identity and culture, with everything that this entails.

The artwork consists of pieces of reclaimed wood that are shaped into the sentence 'Eai čuovo mearriduvvon luottaid eai ge vissis njuolggadusaid.' ('They don't follow routes and they don't conform to regulated order.') FFB member Joar Nango has stated that 'the text points to a certain survival strategy of Sámi and Northern peoples, one that relies on rule-breaking in order to establish alternate, autonomous spaces and systems. It's a way of comporting oneself, an attitude.'[5]

The wooden planks that constitute the artwork have not been shaped in any way to make letters, only the lengths have been adjusted. *Duodji*, traditional Sámi craft, and the practice of reuse have a lot in common; both are important in Sámi culture. When setting out to make duodji, a person often ventures out into nature to gather materials that have the right qualities needed for the item the person wants to make. In duodji, the material is the guide, and it dictates the shape of the object. It's important to work *with* the material, to follow the natural instructions given by the material. It's the same for recycled or reclaimed materials, because the material dictates the final expression. Reuse as a practice is financially motivated but also guided by the idea that no useful material should go to waste. An old boat can be used as a roof for a building, a demolished house can provide materials for a barn or a cabin or whatever else is needed. In duodji, aesthetics has a more central role than it does in the practice of reuse.

The artwork speaks to me in my mother tongue, Northern Sámi. The Sámi languages are on UNESCO's list of endangered languages.[6] Of all the Sámi-language variants, Northern Sámi is the strongest, but compared to the majority languages in the countries we historically live in, it has low status. The artwork is eye-catching, it takes up space. The facade of the building is disrupted by this phrase that, for those of us who understand Northern Sámi, makes us wonder: Who are 'they'? Who doesn't follow routes? Is this a statement about those of us who speak this language, that we do not conform to a regulated order? Or is it referring to the majority population? And which regulations are being referred to, who gets to decide?

Since the artwork is in my language, I choose to believe it is speaking to me, that it was made for me. With this as my starting point, I find it natural to think that the sentence refers to the majority population. They are the ones who do not follow routes. In our culture we understand ourselves as part of nature. But nature also belongs to the beings from the underworld. Before the Christianisation of the Sámi, it was our belief that the gods also lived in nature. I was taught never to leave traces in nature, and stories I was told as a child usually had a moral about showing nature proper respect. Before you set up camp you must ask the beings of the underworld for permission to spend the night; the same goes for lighting a campfire or building a house. Before moving into a new house, you should appeal to the beings of the underworld for peace. I think this has to do with asking the souls that may already be living there to leave you in peace. We believe those who walked certain paths before us continue to roam the same routes, even after they are 'gone'. When I was growing up in Jorbajeakkáš in Kárášjohka in the 1980s and '90s, there was a lot of building activity up on the hill where my childhood home stands. The people who drew up the new property lines didn't care were the old paths used to go. And so it happened that some of the new homes were unwittingly built on top of existing paths. To my mind, a good rule of thumb would be to avoid the paths, or at least ask permission in advance. But even if they had asked, they may not have received permission to build within the boundaries drawn on the map. To ask permission, you must spend the night in the place you wish to build. If you sleep peacefully you are welcome, but if you have a restless night you shouldn't build.

If I approach the work differently, I could see the artwork as being about me, about the Sámi. It is because we are the minority that we are always the ones to digress from the norm. Our way of living is, in certain cases, illegal in the countries in which we live. Because the Sámi have traditionally lived in ways that leave no trace or permanent mark in our landscapes, the vast areas that Sámi people occupy have been defined as wilderness, or as national parks, restricting the use of the land for the Sámi who live there.

The profession of reindeer husbandry has also changed in line with the modernisation of society in general. In the past we built *darfegoahti*,[7] buildings that visually blended into the landscape and decomposed into earth after we were finished using them. Now reindeer herding leaves traces – cabins, vehicle tracks and fencing, which is suddenly necessary now that our grazing lands have been restricted.

But let me return to the cabin in the story. It's difficult for me to understand how the application to build on to the cabin was rejected, especially in light of the enormous building projects for holiday houses and cabins throughout the country. Some of these cabins have more bathrooms than the number of rooms in our own homes. The difference is that the areas in which we want to build our cabins are not regulated for housing development, whereas the areas where members of the majority population want to build their cabins are defined as recreational.

How can some people argue in favour of gigantic wind farms, to protect the global environment, and at the same time demolish areas that are being used by the indigenous population for the sustainable production of food, and who in so doing preserve an endangered culture? We Sámi do not have the power to define our own territory, and even when we have our own shared understanding of the rules the land itself dictates, it is not an understanding we share with the authorities. It might seem like we as a people have been living in harmony with nature for too long, and now it is too late. The laws have already been written, the lines have been drawn on the map, and now that we begin to leave traces in nature, we are the bad guys.

The use of Northern Sámi in the artwork might also serve to remind the majority population of our existence. The work is so eye catching that it's impossible to miss. It's a soundless cry for attention. The fact of the text being in a Sámi language tells me that we, the Sámi, must deviate from our nature, become more visible and begin to leave traces in nature in order to prove our existence. The lack of defining power and self-determination for the Sámi in regard to our territories forces us to communicate in the same way as Western society, even in nature.

Endnotes

1 Fellesskapsprosjektet å Fortette Byen translates to 'the collective project for a denser concentration of the city', the group established in 2010 by artist and architect Joar Nango and architects Håvard Arnhoff and Eystein Talleraas.
2 The first edition of the artwork was part of the Norwegian National Museum's exhibition Under 40. Ung norsk arkitektur in 2016/2017. https://www.nasjonalmuseet.no/utstillinger-og-arrangementer/utstillinger-pa-turne/2017/under-40.-ung-norsk-arkitektur/
3 To have the right to own reindeer in Norway, a person must own a reindeer mark. Nevertheless, not everyone who works with reindeer has his or her own mark. The number of reindeer marks in a reindeer-grazing district therefore does not reflect the number of people who actually work with reindeer husbandry.
https://lovdata.no/dokument/NL/lov/2007-06-15-40#KAPITTEL_5
4 A "nail tent" is a semi-permanent construction built in connection with a caravan or campervan.
5 Joar Nango, excerpt from quote from an e-mail conversation with curator Randi Grov Berger 26 August 2019.
6 https://unesco.no/kultur/truede-sprak/
7 A darfegoahti (Northern Sámi) is a Sami hut or tent, similar to a sod house.

Stoffets sensibilitet

Nina Wöhlk

Dette essay er skrevet i forsøget på at udfolde en samtænkning af sprog, subjekt (både det menneskelige og andre former) og begrebet sted. Dette gør jeg ved at se nærmere på værker af duoen Brynjar Sigurðarson og Veronika Sedlmair, Guðjón Ketilsson og duoen Karoline Hjorth og Riitta Ikonen, der alle beskæftiger sig med enten sten, træer eller skoven i deres praksis. Jeg vil nærme mig disse kunstneres værker gennem perspektiver, der baserer sig på begrebet *multi-naturalisme*, teoretiseret af den brasilianske antropolog Eduardo Viveiros de Castro, og begrebet *sted-tanke* (place-thought) i Anishinaabe- og Haudenosaunee-kosmologier, der er blevet undersøgt af Mohawk- og Anishinaabe-forsker og sociolog Vanessa Watts – alt sammen med henblik på at indlede en nuanceret samtale om de personlige fortællinger om mere-end-menneskeligt stof.

Med afsæt i tænkningen hos visse oprindelige folkeslag i Amazonas forestiller de Castro sig en multi-naturalisme, hvor subjektet, uanset om det er en plante, et mineral eller et dyr, altid, fra sit eget perspektiv, forstås som menneske. Dette vil fx omfatte personer, der, ud fra en menneskelig synsvinkel, er jaguarer eller hunde.[1] En konsekvens af således at anskue planter, genstande og fænomener i naturen som komplekse og sensible eksistenser, der er iboende menneskelige, er, at alt levende rummer en sjæl og er fulde af tanker, ideer, forbundethed, begær, kontemplation og vilje. Dette afspejles også i Anishinaabe og Haudenosaunees Sted-Tanke-kosmologi, inden for hvilken alt tænkes i forhold til et sted, og hvor det mere-end-menneskelige forstås ikke blot som sameksisterende økologier og som noget, der performer kausale relationer, men som elementer i etisk strukturerede mellem-artslige samfund.[2] Med Watts' ord: 'Sted-tanke er baseret på antagelsen om, at jorden lever og tænker, og at mennesker og ikke-mennesker henter agens gennem udvidelserne af disse tanker.' ('Place-thought is based upon the premise that land is alive and thinking and that humans and non-humans derive agency through the extensions of these thoughts.')[3]

Denne form for tankegang, der er understøttet af det relaterede begreb animisme, bidrager til en samfundsopfattelse, der sætter spørgsmålstegn ved normative videnskabelige metoder og den vestlige skillelinje mellem natur og kultur. Med disse perspektiver følger en bevidsthed om, at miljøet er alt andet end passivt og uanfægtet af andres manipulation.

Sten

Mennesker bruger stenen som metafor for en person, der er lukket og svær at aflæse. Når nogen er følelseskolde, siger vi, at de har 'et hjerte af sten'. Men vi føler os også forbundet med stenene på forskellige andre måder: Inden for astrologien giver de os styrke og vejledning, og af nogle bruges de som talismaner og amuletter til at beskytte mod grusomheder og livets skrøbelighed. Når vi udsmykker vores gravpladser, vælger vi solide stenblokke til at markere vores vej ind i det hinsidige, som for at sige 'det her er vejen, jeg gik'.

Kvaliteter og egenskaber, der tillægges mennesker, overføres til stenene i vores forsøg på at forstå dem, når vi beskriver dem som mere 'levende' og 'sitrende' end for eksempel cement og stål, og mere 'stille' og 'lukkede' end havet, bier eller vilde blomster. Idet vi besjæler dem, anvender vi menneskets sprog og de egenskaber, vi knytter til vores egen væren i verden.

Brynjar Sigurðarson and Veronika Sedlmair, *Of Stones and Faces (Animated Geology)* (2020), detail. Photo: Brynjar Sigurðarson

Duoen Brynjar Sigurðarson og Veronika Sedlmair har valgt sten som materiale til deres værk i udstillingen *Earth, Wind, Fire, Water*. Som de blødt markerede klippestykker ligger rundt omkring i naturen, får jeg fornemmelsen af, at kunstnerne er klar over, at stenene ikke blot er råmateriale til skulpturer eller symbolske hjem for ånder eller guder. Tværtimod besidder den krystallinske masse en livfuldhed og demonstrerer et slægtskab, en forbundethed, der udspringer af de mineraler, som stenene og kunstnerne deler; som findes i knoglerne på deres kroppe og i stenenes struktur. Vi er gjort af det samme stof.

Denne form for forbundethed skaber rum for refleksion over, hvorvidt noget kan anses for at være levende eller ej. Vi betragter naturligt nok os selv som levende. Hvis den kisel og kalk, der findes i vores knogler, også kan findes i sten, åbner det for muligheden for at opfatte også stenene som levende.

Med deres nænsomme engagement i at markere ansigter på stenene griber Sigurðarson og Sedlmair ind i en multi-naturalistisk dialog, der vidner om, at de er særligt fintfølende over for tingenes tale, sætninger i vinden, og lytter til kraften i fænomener, der forener sig i dannelsen af et særegent og suggestivt kommunikationssystem. På et andet niveau afspejler kunstnernes greb også indsigter, der afdækker en materialegennemstrømning, som gennemsyrer alle tænkelige livsformer lige fra vores tarme til stjernerne.[4]

Træer

Mange af de værker, der præsenteres på udstillingen *Earth, Wind, Fire, Water* fremviser kunstnernes blide og samtidig dynamiske kommunikation med det materiale, de hver især har valgt. Deres metode har bestået i at 'lytte til' og 'følge' materialet, for derefter at foretage diskrete indgreb.

Karoline Hjorth & Riitta Ikonen,
Eyes as Big as Plates # Ernst (Trondheim, Norway 2017)
Photo: Karoline Hjorth & Riitta Ikonen

Vi ved fra videnskabelige undersøgelser, at træer kommunikerer med feromoner gennem luften og nærer de unge træer via deres rodsystemer, og det får os til at føle, at der er en forbindelse mellem skoven og os selv. Mineralers, planters eller dyrs agens afslører deres sensibilitet, når vi lytter efter og fordyber os i deres væsen. Ved at skifte fra en antropocentrisk til en multi-naturalismens flerartslige antropologi bliver det muligt for os at erkende altings uendelige forbundethed, som de Castro har påpeget[5]. Men dette skift isolerer os ikke som mennesker fra tingenes system; de gør os snarere til intra-relaterede komponenter.[6]

Den koncentrerede og stilfærdige lytten synes at være nært forbundet med læsningen. I hvert fald er det tilfældet, når man betragter kunstneren Guðjón Ketilssons farvebehandlede kviste. Fra deres placering på væggen udsiger de et helt manuskript af sætninger på et ukendt sprog af visuelle tegn, der udfolder sig som skrivning uden grammatik. Der er intet fyldstof, intet bindemiddel og ingen bærende elementer, kun lige netop de præcise ord, der rummer det, kunstneren og kvistene ønsker at tilkendegive over for os.

Ligesom digtekunsten formidler kvistene et fysisk, billedbaseret sprog, som vi kan være fælles om. For at se nærmere på, hvordan et værk kan forstås som værende i besiddelse af en agens, der er uafhængig af menneskelig interaktion, kan det være konstruktivt at se gennem Anishinaabe- og Haudenosaunee-kosmologiens linse. Inden for denne kosmologi er *sted-tanke* et centralt koncept, og det afspejler en opfattelse af alle ting, planter og dyr som noget, der eksisterer i forhold til et sted – et miljø.

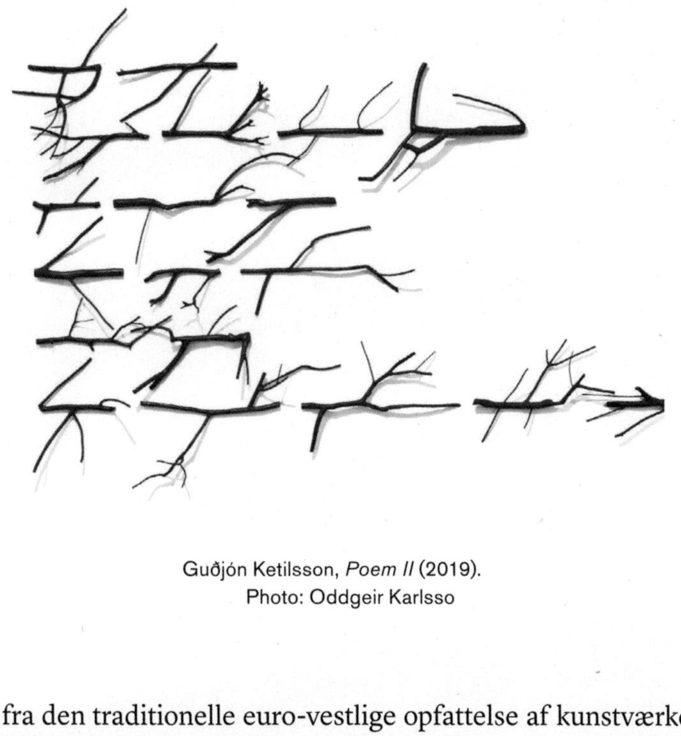

Guðjón Ketilsson, *Poem II* (2019).
Photo: Oddgeir Karlsso

Hvis vi fjerner os fra den traditionelle euro-vestlige opfattelse af kunstværker som udelukkende repræsentative eller symbolske, så kan vi i stedet søge mod Anishinaabe- og Haudenosaunee-kosmologien i forsøget på at erkende stoffets kontekstuelle fysiske tilstedeværelse, sensibilitet og agens. I denne forbindelse rejser der sig spørgsmål om den potentielle forandring af agens, der kan opstå, når et subjekt, en plante, et dyr eller et mineral fjernes fra dets naturlige miljø. Mere specifikt: Ændrer agensen i Ketilssons kviste sig, når deres vilkår forandres? Kvistene fjernes fra deres naturlige miljø, relokaliseres til en kunstkontekst og bruges til at kommunikere, ikke inden for deres eget system men ved at danne sætningslignende strukturer (en menneskelig konstruktion). Hvordan forandrer denne miljøændring vores 'læsning' af naturen?

Skoven

Forholdet mellem subjektet og stedet afspejles i Karoline Hjorth og Riitta Ikonens fotografiske portrætter af ældre mennesker, der har ladet sig nedsænke i situeret stof: i en kjole af strandens tang, i en rustning af skovens mos, i vinterlandskabets nøgne stilke og sne og i de grønne forårsblomstrende grenes krone og robe. De aldrende skabninger i Hjorth og Ikonens billeder udsmykker sig med den natur, der omgiver dem. Gennem kommunikationen med stedet undergår de en fysisk transformation og i en multi-naturalistisk diskurs kan man opfatte dem som værende midt i en proces af kropslig metamorfose, hvor de ændrer substans og bliver queer og andet. Mens transformationerne finder sted, forvandler de sig til en anden form for fysikalitet og bliver til den skov, der omgiver dem.

I kraft af deres forvandling til sted eller territorie tager væsenerne i Hjorth og Ikonens fotografier del i et samfund, de selv former ved at opholde sig, handle og være til stede på stedet.

Jo tættere vi kommer på et materiale, jo bedre ser vi, hvordan det berører kanterne af det miljø, der omgiver det. Hvem (og hvad), vi som mennesker er forbundet med, påvirker vores opfattelse af grænsefeltet mellem 'os og dem/det'. Hvorfra ser vi? Når man tager ikke-menneskelige svar med i sine betragtninger over spørgsmålet 'i forhold til hvad er noget menneskeligt?', så giver det mulighed for nye aflæsninger af verden foran os og for dannelsen af nye, empatiske flerartslige bånd.

1 Eduardo Viveiros de Castro, *From Multiculturalism to Multi-Naturalism in Melik Ohanian: Cosmograms* (New York: Lukas & Sternberg, 2005), 137–156.
2 Vanessa Watts, 'Indigenous place-thought & agency amongst humans and non-humans (First Woman and Sky Woman go on a European world tour!)', Decolonization: Indigeneity, Education & Society, vol. 2, no. 1 (2013): 20–34.
3 Ibid. 21.
4 David Jhave Johnston, *Aesthetic Animism: Digital Poetry's Ontological Implications* (MIT Press: 2016)
5 de Castro. 150.
6 Sean P.A. Desjardins, 'A Change of Subject: Perspectivism and Multinaturalism in Inuit Depictions of Interspecies Transformation', *Bestiaire inuit / Inuit Bestiary*, vol. 41, no. 1/2 (2017): 101–124.

The Sentience of Matter

Nina Wöhlk

This essay is written in an attempt to unfold interconnected thinking related to language, the subject (human or otherwise) and the concept of place. This I do by looking into the works of duo Brynjar Sigurðarson and Veronika Sedlmair, Guðjón Ketilsson, and duo Karoline Hjorth and Riitta Ikonen, who engage with either stones, trees or the forest in their practices. I will approach these artists' works through perspectives informed by the concept of *multi-naturalism* as theorised by the Brazilian anthropologist Eduardo Viveiros de Castro, and the concept of *place-thought* in Anishinaabe and Haudenosaunee cosmologies, as examined by the Mohawk and Anishinaabe scholar and sociologist Vanessa Watts – all in order to begin a nuanced conversation about the personal stories of more-than-human matter.

Drawing on the thinking of indigenous Amazonian peoples, de Castro conceptualises a multi-naturalism in which the subject, whether it be plant, mineral or animal, is always, from its own perspective, understood as human. This would include, for example, persons who, from a human perspective, are jaguars or dogs.[1] The attribution of seeing plants, objects and natural phenomena as complex and sentient entities that are inherently human, means that all living things contain a spirit and are full of thoughts, ideas, relationships, desire, contemplation and will. This is also reflected in the Anishinaabe and Haudenosaunee's place-thought cosmology, in which everything is thought in relation to a place, and the more-than-human are understood not simply as cohabitating ecologies and performing causal relations, but as forming ethically structured inter-species societies.[2] In the words of Watts: 'Place-thought is based upon the premise that land is alive and thinking and that humans and non-humans derive agency through the extensions of these thoughts.'[3]

These modes of thinking, which are supported by the aligning concept of animism, contribute to a societal view that questions normative scientific methods and the Western nature-culture divide. With these perspectives comes an awareness that the environment is anything but passive and indifferent to being manipulated by others.

Stones

For humans, a stone is a metaphor for someone who is closed and difficult to decipher. When someone lacks feelings, we say they have 'a heart of stone'. But we also connect with stones in a number of other ways: in astrology they provide us with strength and guidance, and they are used by some people as talismans and amulets to protect against cruelty and life's fragility. When adorning our burial grounds, we choose solid rocks to mark our path into the hereafter, as if to say 'this is the way I went'.

Qualities and characteristics assigned to humans are transferred in our attempt to understand stones, as we describe them as more 'alive' and 'vibrant' than for example cement and steel, and more 'quiet' and 'closed-off' than the sea, bees or wild flowers. As we animate them, it is the language of humans and the qualities we attach to our own being in the world that we use.

Stones are the chosen material of duo Brynjar Sigurðarson and Veronika Sedlmair for their work in the exhibition *Earth, Wind, Fire, Water*. The softly marked rocks, as they lay in their beds in nature, give me the impression that the artists are aware that the stones are not simply raw material for sculptures or symbolic homes of spirits or gods. Rather, the crystalline masses hold an aliveness and present a kinship, a relationship that comes from the minerals the stones and the artists share, which exist in the bones of their bodies and in the structure of the stones. We share the same matter.

This kind of relatedness provides a container for thinking about how something can be deemed alive or not. Obviously, we consider ourselves alive. If the silica and chalk that exist in our bones are also to be found in stones, this presents the possibility that the stones can be understood to be alive as well.

With their tender animation of marking faces on the stones, Sigurðarson and Sedlmair tap into a multi-naturalist dialog that indicates that they have an increased sensitivity to the speech of things, phrases in the wind, and are listening to the force of phenomena coming together into forming a singular and evocative system that communicates. At a different level, the artists' intervention also mirrors insights that reveal material flux permeated by life-forms, from the gut to the stars.[4]

Trees

A large number of the works presented in *Earth, Wind, Fire, Water* show the artists' gentle yet dynamic communication with their chosen material. The method has been to 'listen to' and 'go with' the material, then to make subtle interventions.

As science is informing us that trees communicate with pheromones through the air and nurture their saplings via their root systems, we feel a relationship between the forests and ourselves. The agency of a mineral, plant or animal reveals its sentience when we listen and delve into its being. As pointed out by de Castro, a shift from an anthropocentric to a multi-species anthropology of multi-naturalism allows us to acknowledge the infinite interconnectedness of things.[5] But this shift does not isolate us as humans from the system of things; rather, it makes us an intra-related component.[6]

The concentrated and quiet practice of listening seems to be closely related to the practice of reading. This is at least the case when contemplating the artist Guðjón Ketilsson's colour-treated twigs. Mounted on the wall, they narrate a script of sentences in an unknown language of visual signs that unfolds as writing without grammar. There are no fillers and binders and supporters, merely the precise words as containers for what the artist and the twigs want to convey to us.

As poetry, the twigs mediate a physical image-based language that we can share. To see how the work can be understood to have agency independently of human interaction, it can be constructive to look through the lens of Anishinaabe and Haudenosaunee cosmology. In this cosmology, place-thought is a central concept reflecting an understanding that all things, plants and animals exist in relation to a place – a milieu. Moving away from an understanding of artworks as solely representational or symbolic, which is the traditional Euro-Western approach, one can think within the frame of Anishinaabe and Haudenosaunee cosmology to recognise the contextual physical presence, sentience and agency of matter. In this context, questions arise as to the potential alteration of agency that might occur when a subject, plant, animal or mineral is removed from the land. More specifically, do Ketilsson's twigs have a change in agency when their conditions are altered? The twigs are removed from their natural milieu, moved into an art context and used to communicate, not within their own system, but by forming sentence-like structures (a human construct). How does this change of milieu change our 'reading' of nature?

The Forest

The relationship between a subject and a place is reflected in Karoline Hjorth and Riitta Ikonen's photographs portraying elderly people submerged in situated matter: a seaweed dress of the beach, a mossy armour of the woods, bare stalks and snow of the winter landscape and the crown and gown of green spring-blooming branches. The ageing beings in Hjorth and Ikonen's images adorn themselves with the nature that surrounds them. In communication with the place, the portrayed beings undergo a physical transformation and can, in a multi-naturalist discourse, be seen to be in a process of bodily metamorphosis, changing their substance and becoming queer and other. As the bodily transformations are happening, they are morphing into another physicality, becoming the forest that surrounds them.

In becoming land or territory, the beings in Hjorth and Ikonen's photographs are engaging in a society that they themselves shape by residing, acting and being present in the place.

The closer we get to a material, the more we see how it touches the edges of the environment that surrounds it. Who (and what) we as humans are connected with informs how we see the liminal bond between 'us and them/it'. From where do we see? Considering non-human answers when posing the question 'in relation to what is something human?' allows for new readings of the world in front of us, and the creation of new emphatic multi-species bonds.

Endnotes

1 Eduardo Viveiros de Castro, *From Multiculturalism to Multi-Naturalism in Melik Ohanian: Cosmograms* (New York: Lukas & Sternberg, 2005), 137-156.
2 Vanessa Watts, 'Indigenous place-thought & agency amongst humans and non-humans (First Woman and Sky Woman go on a European world tour!)', *Decolonization: Indigeneity, Education & Society,* vol. 2, no. 1 (2013): 20-34.
3 Ibid. 21.
4 David Jhave Johnston, *Aesthetic Animism: Digital Poetry's Ontological Implications* (MIT Press: 2016)
5 de Castro. 150.
6 Sean P.A. Desjardins, 'A Change of Subject: Perspectivism and Multinaturalism in Inuit Depictions of Interspecies Transformation', *Bestiaire inuit / Inuit Bestiary,* vol. 41, no. 1/2 (2017): 101–124.

Handverk og umhyggja á óvissutímum

Æsa Sigurjónsdóttir

> „Umönnunarstörf snúast bæði um að sinna afmörkuðum verkefnum sem og að tengjast fólki tilfinningaböndum."[1]

Enda þótt sjaldan sé rætt um þýðingarmikið hlutverk umhyggju í samfélagsmiðaðri list eða það sett í fræðilegt samhengi, þá er umhyggja miðlæg hugmynd hjá mörgum samtímalistamönnum.[2] Innan femínískra fræða hefur sjónum verið beint að umhyggju um langt skeið og tengslin milli umönnunarþjónustu, líkamans og tilfinninganna eru stöðugt pólitískt umræðuefni. Það var félagskenningasmiðurinn Joan C. Tronto sem kynnti fyrst umhyggju sem hugtak í femínískri gagnrýni. Í samvinnu við Berenice Fisher mótaði hún úr því pólitíska hugmynd sem feðraveldið neitar að viðurkenna að skipti þjóðfélagslega og efnahagslega máli og sem það hefur jafnvel reynt að bæla niður:

> Við höldum því fram að með sem almennustum hætti megi líta á umhyggju sem tegundarbundna hegðun manna er nái yfir allt sem við gerum til þess að viðhalda og gera við 'heiminn' okkar svo að við megum búa í honum eins vel og unnt er. Við sjálf, líkamar okkar og umhverfi eru hluti af þessum heimi sem við leitumst við að tvinna saman í einn lífgefandi vef.[3]

Með þessari byltingarkenndu nálgun sinni tókst Tronto að hrista „nýlenduoki" af umhyggju- og umönnunarhugtakinu. Í seinni tíð hefur sú nálgun orðið æ mikilvægari þegar leitað er pólitískra, siðferðislegra og fagurferðilegra svara við því hvernig við ætlum að gera við laskaðan heim okkar.[4]

Í þessum texta vil ég gera að umtalsefni hvernig samtímalistamenn takast á við umhyggjuhugtakið og beita því við gagnrýnið og fagurferðilegt gildismat. Það gera þeir í verkum í almannarými, í samfélagsmiðuðum aðgerðum og í listaverkum sem eru oft unnin úr handverkstengdum efnivið á borð við leir eða með aðferðum eins og tréskurði og útsaumi. Afstöðu mína byggi ég á nýlegri þróun og umræðu þar sem umhyggjusiðfræði er tengd femínískum gildum um hvernig mannverum er umhugað um hver aðra. Ég vil halda því fram að marga listamenn sem eiga verk á sýningunni *Earth, Wind, Fire, Water* megi skoða í þessu siðfræðilega (og vistfræðilega) samhengi enda noti þau handverk til að tjá „þrá eftir dýpri tengingu við jörðina".

Eins og sýningarstjórinn og sagnfræðingurinn Glenn Adamson hefur vakið athygli á eru „tengsl handverks og tíma flókin. [Þau eru] frekar eins og skáldsaga sem gerist í fortíðinni þótt hún sé skrifuð í samtímanum. Þegar möguleikar þessarar stundlegu smíðar hafa verið raungerðir getur handverk orðið að öflugum tengilið milli samtíðar og fortíðar og því einnig milli einstaklings og samfélags.“[5]

Árið 2007 vann listakonan Ólöf Nordal þátttökulistaverk fyrir nýju kirkjubygginguna á Ísafirði. Hugmynd Ólafar var að skipuleggja innsetningu í samvinnu við nærsamfélagið, en um langt árabil hafði ríkt ágreiningur innan safnaðarins um byggingu nýrrar kirkju.[6] *Fuglar himinsins* samanstendur af 749 lóum sem sóknarbörn mótuðu úr jarðleir undir leiðsögn listamannsins. Þar eð leir býður upp á að ímyndunaraflið sé virkjað til að búa til eitthvað nýtt lánaðist söfnuðinum að taka þátt í sköpunarferli sem var ekki aðeins bæði persónulegt og samfélagslegt heldur bókstaflegt og táknrænt. Hver leirlóa hefur sín sérkenni enda bjó hver þátttakandi til sinn fugl og getur jafnvel bent á eigin lóu í fuglasveimnum sem prýðir altarisvegginn.

Leir er gjarnan notaður í listmeðferð og var samvinnuverkefnið sem Ólöf Nordal stóð að meðvitað byggt á almennt viðurkenndu hlutverki leirs sem jarðefnis sem samfélög geta nýtt sér í meðferðartilgangi. Þegar hún bauð íbúum að taka þátt í opinni vinnustofu í sjálfri kirkjubyggingunni byggði hún á þeirri hugmynd að sameiginleg listsköpun gæti haft heilandi áhrif; vinnuferlinu fylgdi uppbyggileg samræða og tækifæri til þess að hugleiða tilfinningalega þýðingu þess að vinna saman að samfélagslegu markmiði.

Þýski listamaðurinn Valentin Manz, sem er búsettur í Noregi, notar leir í meðferðartilgangi en einnig sem mannfræðilegan efnivið. Í stórri gjörningsinnsetningu, sem nefndist *In the Pits* og fór fram á lífrænu búi í Hertfordshire á Englandi sumarið 2010, bjó hann með aðstoð sjálfboðaliða til skammlíft, lífrænt landslag úr leir sem kallaði á að sýningargestir tækju þátt í henni. Framlag hans á sýningunni *Earth, Wind, Fire, Water* er þátttökulistaverk sem byggist á tréskurði. Að þessu sinni stendur til að kanna tilfinningalegar og stundlegar hliðar handverks, sem Adamson kemur inn á, á sérstökum vinnustofum sem haldnar verða meðan á sýningu stendur.

En á meðan Manz treystir á þátttöku nærsamfélagsins í listsköpun sinni kýs konseptlistamaðurinn Guðjón Ketilsson að skilgreina sig sem handverksmann. Hann álítur handverk vera ómissandi þátt mannlífsins og hefur líkt vinnu sinni við fornleifauppgröft, ekki síst vegna þess hvernig hann fjarlægir varfærnislega eitt efnislagið af öðru, til að mynda í útskurðarverkum. Guðjón fæst ekki aðeins við jarðbundinn efnivið á borð við leir og við heldur safnar hann einnig verkfærum úr málmi og tré og stillir þeim upp sem stökum úreltum gripum. Dæmi um það er innsetningin *Verkfæri* frá 2004. Þessi notuðu verkfæri eru sérstaklega áhugaverð vegna þess að þau virðast skírskota með beinum hætti til persónulegra minninga hans af verkstæðum sem helgistöðum karlmennskunnar, en einnig vegna þess hvernig þau mynda sem heild þjóðfræðilegt gripasafn sem viss tilfinningalegur „fortíðarleiki“ umlykur, þ.e.a.s. horfin kennd eða söknuður eftir veröld sem var. Einnig mætti leggja þann skilning í þetta verkfærasafn að það upphefji *vinnuna* sem sérstaka iðn eða heildrænan hagleik, sem sé andstæða þeirrar firrandi og brotakenndu vinnu sem fólk fáist við í póst-kapítalísku þjóðfélögum þar sem þekkingin hefur verið lokuð inn í algóritma tölvuvélar. Í þessum skilningi tekst Guðjón á við eigin sjálfsmynd sem listamanns og handverksmanns, sem sýnir hlutum umhyggju, viðheldur þeim og lagar, og sem hægt er að stóla á að beiti sér fyrir bættu samfélagi. Með því að skrásetja þessa hversdagslegu gripi og taka þá úr samhengi sínu með því að hengja þá upp á vegg stillir hann þeim út sem sjálfstæðum hlutum sem hafa þó tilfinningalega tengingu í ljósi þess hvernig fólk annaðhvort notaði þá áður fyrr eða gæti notað þá nú á dögum. En frá heimspekilegum sjónarhóli gæti hann einnig verið að skírskota til áhrifa listarinnar í mannfræðilegu samhengi hennar og sýna fram á hlutverk hennar í varðveislu minninga í samfélagi sem hefur glatað tengslum sínum við fortíðina.

Listin sem minni er stef sem skiptir einnig máli í verkum Charlottu Östlund, sem fæddist í Svíþjóð en býr í Finnlandi. Að baki listsköpun hennar býr þó dulrænni náttúrusýn. Jurtirnar sem hún safnar, þurrkar og nýtir sem hráefni í brothættum innsetningum sínum vekja hugrenningatengsl við *hortus siccus* eða „þurran garð“. Með því er átt við persónulegt safn sem nær út fyrir mörk þekktra menningarfyrirbæra á borð við grasasöfn (*herbarium*) eða furðustofur (*Wunderkammer*). Í gegnum tíðina hafa báðar þessar safntegundir verið byggðar upp sem algjör einkarými eða persónuleg gripasöfn; grasasafninu svipaði til bókasafns náttúrunnar á meðan furðustofan hafði að geyma sérviskulegt samansafn hluta sem vöktu undrun þegar litið var á þá sem eina heild. Afurðum menningar og náttúru var stillt upp hlið við hlið og þær flokkaðar eftir því hvort þær heyrðu undir *artificialia*, *naturalia* eða *mirabilia* (tilbúna hluti, náttúruhluti og aðdáanlega hluti). Yfirskriftir sem þessar eiga vel við til þess að lýsa blendingseðli verka Östlund. Henni er þó síður umhugað um að byggja upp þekkingarsafn en að tengjast náttúrunni persónulega á erfiðum tímum í vistkerfinu og tilfinningalífinu. Hluttekninguna sem má skynja í hægu og varfærnislegu vinnsluferli verka hennar má tengja við vistfræðilega hugmynd hennar um listsköpun enda samsamar hún sig árstíðabundnum sveiflum og óreiðu náttúrunnar.

Með vaxandi áherslu á siðferðislegar spurningar í samtímalist hafa komið fram á sjónarsviðið listamenn sem endurskoða nýlendusögur með persónulegum og gagnrýnum hætti. Í nostursamlega unnum útsaumsverkum sínum greinir Britta Marakatt-Labba frá eigin bakgrunni í nýlendusögunni sem listakona af þjóð Sama. Hún sýnir hvernig megi á norðurslóðum nú þegar greina þær loftslagshörmungar sem eru í burðarliðnum. Í listnálgun sinni, sem hefð er fyrir að nefna duodji, afbyggir hún vestrænar og móderniskar hugmyndir um hvað list sé og setur fram eigin listsýn sem hefur að geyma bæði hversdagslega og andlega reynslu hennar í æsku. Í útsaumi sínum dregur Marakatt-Labba fram gagnkvæm tengsl manna og dýra í menningu Sama og milli daglegs lífs og erfiðra veðurskilyrða. Í núverandi loftslags- og heilsufarskrísu verður boðskapur hennar því mjög gagnrýninn.

Ætlun mín var að skoða hvernig handverk er stundað með hliðsjón af gagnrýnu umhyggjuhugtaki Joan C. Tronto. Ég hef aðeins skoðað fáein dæmi en þau sýna þó að fjöldi listamanna tekst nú á dögum á við það verkefni að bjóða upp á fagurferðilega siðfræði sem valkost við nýfrjálshyggju. Í því augnamiði viðurkenna þau að umhyggja getur verið félagslegt afl, og listsköpun siðferðislegs eðlis.

1 Emily K. Abel og Margaret K. Nelson, „Circles of Care: An Introductory Essay", í *Circles of Care: Work and Identity in Women's Lives* (Albany NY: State University of New York Press, 1990), bls. 4.

2 Grant H. Kester lýsir verki Jays Koh *E.T.* (*Exchanging Thought*) sem var framkvæmt á útimörkuðum í Taílandi 1995–1996 sem ferli sem ætlað sé að ögra „hagnýtingarrökvísi listmarkaðarins" með því að vera nokkurs konar „hlustunarfagurfræði". Þó ber orðinu umhyggju þar hvergi á góma. Grant H. Kester, *Conversation Pieces: Community and Communication in Modern Art* (San Diego: University of California. Press, 2004), bls. 106. Að sama skapi er ekkert fjalla um femíníska hugtakið umhyggju hjá Nato Thompson, ritstj., *Living as Form: Socially Engaged Art from 1991–2011* (Cambridge, MA: The MIT Press, 2012).

3 Joan C. Tronto og Berenice Fisher, „Toward a Feminist Theory of Caring", í *Circles of Care: Work and Identity in Women's Lives*, ritstj. Emily K. Abel og Margareth K. Nelson (Albany, NY: State University of New York Press, 1990), bls. 35–54, hér bls. 40.

4 Um þetta er t.d. fjallað hjá Angeliku Fitz og Elke Krasny, ritstj., *Critical Care: Architecture and Urbanism for a broken Planet* (Vín, Cambridge MA: Architekturzentrum Wien, The MIT Press, 2019).

5 Glenn Adamson, *The Invention of Craft*, London: Bloomsbury, 2013, bls. 210.

6 Hugmyndin um þetta samfélaglega listverkefni var að hluta sótt í íslensku þjóðsöguna Lausnarinn og lóurnar, sem á rót að rekja til Tómasarguðspjalls. Jón Árnason, *Íslenskar þjóðsögur og ævintýri* II, 2. útgáfa (Reykjavík: Þjóðsaga, 1961), bls. 5–6. Æsa Sigurjónsdóttir, „The Allure of Origins", í *Ólöf Nordal Úngl* (Reykjavík: Listasafn Reykjavíkur, 2019), bls. 172–203, hér bls. 198.

Craft and Care in a Period of Crises

Æsa Sigurjónsdóttir

> Caregiving is an activity encompassing both instrumental tasks and affective relations.[1]

The notion of care is central to many contemporary artists, even though its important function in community-based art is rarely discussed or theorised.[2] Within feminist criticism, the interest in care has a long history, and conceptual links between social care, the body and the emotions constitute a political topic for ongoing discussion. The social theorist Joan C. Tronto introduced caring as a critical feminist concept, and with Berenice Fisher, developed the notion of care as a political idea that has been socially and economically devalued and even repressed by patriarchal control:

> On the most general level, we suggest that caring be viewed as a species activity that includes everything we do to maintain, continue, and repair our 'world' so that we can live in it is as well as possible. That world includes our bodies, ourselves, and our environment, all of which we seek to interweave in a complex, life-sustaining web.[3]

Through her ground-breaking approach, Tronto 'decolonises' the notion of care (or caring), enabling it to become a central political, ethical and aesthetical approach to the difficult question of how to repair our damaged world.[4]

In this text, I will discuss how some contemporary artists are addressing the notion of care and employing it as a critical and aesthetic value through public art commissions and community based actions as well as in individual works that are often based on craft-related materials like clay and methods such as wood carving and embroidery. My position is informed by recent developments and discussions in which conceptions of care ethics are based on feminist values central to the way humans care for each other. I will argue that many of the artists presented in the exhibition *Earth, Wind, Fire, Water* could be tied into this ethical (and ecological) context, insofar as they use craft to address a 'longing for a deeper connection to the Earth'.

The curator, writer and historian Glenn Adamson has pointed out that craft's relation to time is complex: '[It is] rather like a novel set in the past but written in the present. When the potential of this temporal structure is realized, craft can be a powerful mediator between the present and the past, and therefore between the individual and the collective.'[5]

In 2007 the Icelandic artist Ólöf Nordal organised a site-responsive work for a new modernist church in the small town of Ísafjörður in the Westfjords of Iceland, not far from the Arctic Circle. Nordal's proposal for this public art commission was to make an installation in collaboration with the local community, since conflicting views concerning the construction of the new church had been dividing the congregation for years.[6] *Fuglar himinsins* (*Birds of the Sky*) consists of 749 plovers shaped out of clay by the parishioners under the artist's guidance. Since clay offers an opportunity for creativity and imagination, the congregation was able to engage in the creation process not only personally and collectively but also literally and symbolically. Each ceramic plover has its personal characteristics, as every participant created her/his own bird and can possibly point out their own plover in the flock that 'inhabits' the church wall.

Clay is a familiar material in art therapy, and the collaborative process initiated by Nordal was based on the generally accepted function of clay as an earth material that could be used therapeutically within a community. Her initiative to organise an *open studio* for collective participation in the premises of the church was similarly grounded in the supposition that the collective making of art could initiate healing; the working process generated a restorative dialogue and a possibility to reflect on the emotional significance of sharing a common social goal.

The German-born Norway-based artist Valentin Manz also uses clay as a therapeutic and anthropological material. In a large performance installation entitled *In the Pits*, a project carried out on an ecological farm in Hertfordshire during the summer of 2010, he built, with the help of volunteers, an ephemeral, organic clay landscape open for social participation. For the exhibition *Earth, Wind, Fire, Water,* he creates a new site-responsive project based on wood carving. In this case, the emotional and temporal functions of craft, as discussed by Adamson, are explored through workshops during the time of the exhibition.

While Manz relies on site-related and local participation, the Icelandic conceptual artist Guðjón Ketilsson prefers to position himself as a craftsman. He sees craftsmanship as a necessity in human life and has compared his practice to archaeological excavation, not least due to how he meticulously removes layers of material, for instance when carving. At the same time as working with earth-based materials such as clay and wood, he also collects utensils made from metal and wood and displays them as obsolete singular objects. One example is the installation *Verkfæri* (Tools) from 2004. These used tools are particularly interesting because they seem to refer directly to his personal memories of workplaces as masculine sanctuaries, but also to how they constitute an ethnographic collection embedded with a certain emotional *pastness,* that is, a feeling gone by, or nostalgia for a lost world. The collected tools could also be understood as a reference to *work* celebrated as skill or a holistic craftsmanship, in opposition to the alienating and fragmented work carried out in contemporary post-capitalist societies where knowledge is locked inside the algorithms of a machine. In this sense, Ketilsson grapples with his double identity as an artist and a craftsman, as someone who takes care, carries out maintenance and repairs, and as someone who could be valued as a cornerstone of a community's wellbeing. By archiving these vernacular objects and isolating them on a wall, he creates a display of autonomous things, emotionally relating each object to the way people either have used them or could use them. But on a more conceptual level, he might also be referring to art's agency in its anthropological context and demonstrating art's mnemonic role in a society that has lost its ties to the past.

This mnemonic function of art is also present in Swedish-born Finland-based Charlotta Östlund's work, but her practice is grounded in a more spiritual attitude to nature. The plants she collects, dries and uses as raw material in her frail installations echo a *hortus siccus* – or a 'dry garden' – a personal archive that goes beyond well-known cultural categories such as the *herbarium* or the *Wunderkammer*. Historically speaking, both were constructed as very private spaces or personal archives; the herbarium was comparable to a library of nature, while the Wunderkammer was an idiosyncratic accumulation of objects that, when seen together, created a space of wonder. Here the cultural and the natural were juxtaposed under categories such as *artificialia*, *naturalia*, and *mirabilia*, (the artificial, the natural, and the miraculous). Such headings perfectly describe the hybridity of Östlund's work. However, rather than creating an encyclopaedia of knowledge, Östlund is constructing a personal relationship with nature in a time of ecological and emotional crises. The affectivity sensed in her cautious and slow practice encompasses an ecological notion of art making, for she identifies with nature's seasonal changes and entropy.

The recent ethical turn in contemporary art has brought to the forefront artists who resurrect personal and critical colonial histories. Britta Marakatt-Labba, who, in her meticulous embroideries, tells about her own colonial past as a Sámi artist, also exposes the underlying climate disasters of the future that already are perceptible in the North. In her approach to artmaking, traditionally referred to as *duodji*, she deconstructs modernist, Western notion of art and presents her own vision of art that circumscribes vernacular and spiritual experiences of her childhood. The interconnectedness between humans and animals in Sámi culture, between everyday life and harsh weather conditions as pictured in her embroideries, thus takes on a sharp critical role in the current condition of climate and sanitary crises.

I set out to look at craft practices through the lens of the critical concept of care as theorised by Joan C. Tronto. I have assembled only a few examples, but my findings demonstrate that a number of artists currently try to construct an alternative aesthetical ethics to neo-liberalism through practices that acknowledge care as social power, and art as an ethical practice.

Endnotes

1 Emily K. Abel and Margaret K. Nelson, 'Circles of Care: An Introductory Essay', *Circles of Care: Work and Identity in Women's Lives* (Albany NY: State University of New York Press, 1990), 4.
2 Grant H. Kester discusses Jay Koh's work *E.T.* (Exchanging Thought) in different public markets in Thailand in 1995–1996 as a process made in order to challenge the 'instrumentalizing logic of the art market' and to constitute a kind of 'aesthetic of listening'. However, he does not mention the word care. Grant H. Kester, Conversation Pieces: Community and Communication in Modern Art (San Diego: University of California Press, 2004), 106. Similarly, there is no discussion of the feminist notion of care in Nato Thompson, ed., *Living as Form: Socially Engaged Art from 1991–2011* (Cambridge, MA: The MIT Press, 2012).
3 Joan C. Tronto and Berenice Fisher, 'Toward a Feminist Theory of Caring', in *Circles of Care: Work and Identity in Women's Lives, eds.* Emily K. Abel and Margareth K. Nelson (Albany, NY: State University of New York Press, 1990), 35–54, here 40.
4 Discussed for example in Angelika Fitz and Elke Krasny, eds., *Critical Care: Architecture and Urbanism for a broken Planet* (Vienna, Cambridge MA: Architekturzentrum Wien, The MIT Press, 2019).
5 Glenn Adamson, *The Invention of Craft* (London: Bloomsbury, 2013), 210.
6 The idea behind the community-based art project was in part influenced by the Icelandic folktale *The Saviour and the Plovers,* which has its origins in the *Infancy Gospel of Thomas.* Jón Árnason, *Íslenskar þjóðsögur og ævintýri* II, 2nd edition (Reykjavík: Þjóðsaga, 1961), 5–6. Æsa Sigurjónsdóttir, 'The Allure of Origins', in *Ólöf Nordal Úngl* (Reykjavík: Reykjavík Art Museum, 2019), 172–203, here 198.

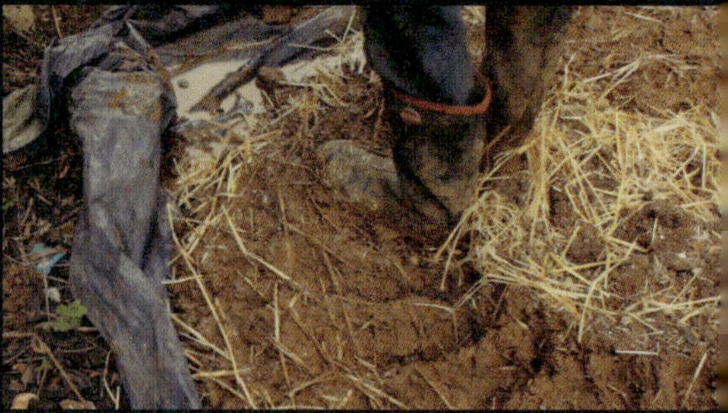

Thieves steal eggs
caught by llama

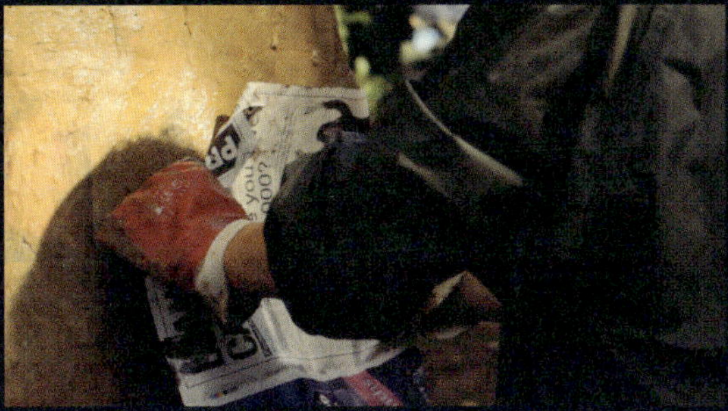

Maan kanssa kirjoittaen

Jenni Nurmenniemi

> I have always regarded feet as the most intimate and personal part of our bodies, and not the genitals, not the heart, or even the brain, organs of no great significance that are too highly valued. It is in the feet that all knowledge of (hu)mankind lies hidden; the body sends them a weighty sense of who we really are and how we relate to the earth. It is in the touch of the earth, at its point of contact with the body that the whole mystery is located – the fact that we're built of elements of matter, while also being alien to it, separated from it. The feet – those are our plugs into the socket (...)
>
> — Olga Tokarczuk[1]

Maaperä, multa, maannos, mineraalit, hiekka, humus, muta, savi, sedimentit, sora, kivet, kalliot, kristallit, kerrostumat. Kirjoitan maan kanssa ja kautta, maalaisena, maasta tulleena ja maaksi tulevana. Valitsemani elementti liittyy maadoittumiseen, maatumiseen, kytkeytymiseen, kuulumiseen, kiertokulkuihin ja muistiin, mutta myös murtumispisteisiin sekä järistyksiin. Yhdestäkään elementistä ei ole mahdollista kirjoittaa ajattelematta myös muita, mutta tällä kertaa ajatukseni juurtuvat juuri maahan.

Maa-elementti yhdistää myös taiteilijat Hildur Bjarnadóttirin, Dineo Seshee Bopapen, Alma Heikkilän, Riitta Ikosen ja Karoline Hjorthin, Ivana Králíkován, Candice Linin ja Charlotta Östlundin. Heidän työskentelynsä kautta ja kanssa käsittelemäni teoriat kytkeytyvät tiettyihin maailman kehkeytymisen prosesseihin.

EKOLOGIA – AVAIN YHTEYKSIEN HAHMOTTAMISEEN

Laajasti ajatellen käsittelen tekstissäni 21. vuosisadan alkupuoliskolla orastavan ekologisen maailmanhahmotuksen edellytyksiä ja mahdollisuuksia. Kasvava tietoisuus maailmanlaajuisesta ekologisesta murroksesta motivoi luontosuhteen uudelleenmäärittelyjä sekä siirtymän *jälkifossiilisiin* kulttuureihin. Tämä käynnissä oleva muutosprosessi tuottaa murtumia myös siihen, miten taidetta tehdään, esitetään ja arvioidaan – sekä esimerkiksi siihen, miten taiteen ja käsityön suhteita voidaan hahmottaa tulevaisuudessa. Taide ja muu luova toiminta voivat myös merkittävällä tavalla vaikuttaa tähän siirtymään esimerkiksi ruokkimalla mielikuvitustamme, muuttamalla havaitsemisen tapojamme ja avaamalla *toisin tietämisen* mahdollisuuksia.

Yksi tekstini pääargumenteista on, että ekologiaa (luovan toiminnan viitekehyksessä) tulisi lähestyä teeman sijasta eräänlaisena työkaluna näkymättömien keskinäisriippuvuuksien tarkasteluun. Se on käsitteellinen avain, jonka avulla voi hahmottaa ihmisaistien ja -kokemuksen tavoittamattomissa toimivia rakenteita, voimia ja prosesseja. Sen avulla voi oivaltaa, kuinka maailma oikeasti toimii. Toinen avainargumentti on, että aistien virittäminen ja harjaannuttaminen on myös olennainen osa maailman ekosysteemisten toimintaperiaatteiden oppimista. Tähän kaikkeen liittyy myös tarve kehittää uudenlaista kieltä, joka painottaa yhteyksiä kahtiajakojen ja vastakkainasettelujen sijasta.

Ekologia merkitsee toimintaa ja liikettä, ei niinkään mitään yksittäistä vakiintunutta asiaa. Mediateoreetikko Jussi Parikka esimerkiksi nimittää sitä eräänlaiseksi käyttöjärjestelmäksi.[2] Ekologia on käyttöjärjestelmä näennäisesti erillisiltä vaikuttavien ilmiöiden välisten yhteyksien ymmärtämiseen. Se voi viitata myös toiminnan tapoihin, jotka perustuvat vastuulliselle yhteistekemiselle itseriittoisen yksilökeskeisyyden sijasta. Ekologisesti virittynyt maailmanhahmotus- ja toimintatapa auttavat huomaamaan, miten sosiaaliset prosessit, politiikka, teknologiat, talous sekä ekosysteemit ovat yhteenkietoutuneita – kuinka ne tekevät toisiaan.[3]

Fossiilisen modernin aikakaudella nämä prosessit eivät ole olleet ilmeisiä tai yksittäisen ihmisen käsitettävissä kokonaisuudessaan.[4] Tavallaan koko teollinen yhteiskuntajärjestys on mahdollistunut näistä voimista vieraantumisen ansiosta. Jos fossiilisen modernin kulttuurinen ajanjakso (karkeasti sanottuna viimeiset 150 vuotta) on perustunut elämää kannattelevien yhteyksien häivyttämiselle, niin kuinka ihmiset voisivat oppia jälleen huomaamaan näitä yhteyksiä? Tämä ei ole romantisoivaa haaveilua – keskinäiset riippuvuussuhteet eivät aina ole harmonisia – vaan keskeinen kysymys maapallon elinkelpoisuudesta sekä taiteen ja muun luovan toiminnan resilienssistä ja relevanssista, tässä ja nyt.

Symbiotiikan salat

Olen kiinnostunut esimerkiksi symbioottisesta ajattelusta, maailmanhahmotuksesta, jossa yhteistyö (monimutkaiset ja monensuuntaiset keskinäiset riippuvuussuhteet) tunnistetaan elämää ja evoluutiota järjestäväksi periaatteeksi, suoraviivaisen keskinäisen kilpailun ja vahvimman selviytymisen sijasta. Tällainen ajattelutapa ei missään tapauksessa ole uusi – päinvastoin. Moderneissa länsimaisissa olemisen ja tiedon paradigmoissa tämä on kuitenkin suorastaan vallankumouksellinen lähestymistapa. Feministinen teoreetikko Donna Haraway on sanoittanut tällaista ajattelutapaa esimerkiksi *sympoiesiksen* käsitteen avulla. Se haastaa ajatuksen itseohjautuvista, rajatuista ja itseuusiutuvista – autopoieettisista – systeemeistä. Kaikki maailmassa tapahtuu yhteydessä johonkin, kehkeytyy yhdessä: 'Sympoiesis is a simple word; it means making-with. Nothing makes itself; nothing is really auto-poietic or self-organizing (...) Sympoiesis is a word proper to complex, dynamic, responsive, situated, historical systems. It is a word for worlding.'[5]

Haraway viitoitti minulle tien myös biologi Lynn Marguliksen ajatteluun. Margulis tunnetaan paitsi tämän symbioottisesta lähestymistavasta evoluutioon myös paljon huomiota saaneesta Gaia -hypoteesista, jota tämä kehitteli 1970-luvulla yhdessä kemisti James Lovelockin kanssa. Marguliksen mukaan evoluutio ja koko elämä maapallolla perustuu jatkuvasti kehkeytyville yhteistyön muodoille. Yhdessä Lovelockin kanssa he esittivät hypoteesin, että elävät organismit ja ei-orgaaniset toimijat maapallolla muodostavat synergistisen ja kompleksisen systeemin, joka yhteistyön avulla ylläpitää elämän edellytyksiä tällä planeetalla.

Tämä hypoteesi ei tuolloin läpäissyt tiedeyhteisön kriittistä tarkastelua, mutta ajatus on saanut viime vuosina tukea ja kriittistä päivitystä yllättävältä suunnalta. Esimerkiksi filosofi Isabelle Stengers on kirjoittanut, miten ajatukseen Gaiasta voisi tukeutua 21. vuosisadan alkupuoliskon poliittisessa myllerryksessä.[6]

Ilmankin planetaarista perspektiiviä symbioottisen näkökulman omaksuminen voi auttaa huomaamaan monilajisen yhteistyön ja solidaarisuuden muotoja kaikkialla. Esimerkkinä voisi mainita vaikkapa 'puiden internetin' (*wood wide web*). Tutkijat ovat havainneet puiden muodostavan yhteistyössä erilaisten bakteerien ja sienten kanssa maanalaisia verkostoja. Niiden kautta kulkeutuu ravinteita, ja niiden avulla puut ovat yhteydessä toisiinsa. Toimittaja Gabriel Popkin kuvailee tämän verkoston suurta merkitystä seuraavasti: 'Trees, from the mighty redwoods to slender dogwoods, would be nothing without their microbial sidekicks. Millions of species of fungi and bacteria swap nutrients between soil and the roots of trees, forming a vast, interconnected web of organisms throughout the woods.'[7]

Symbioottisesta näkökulmasta tarkastellen maailmaa ei voi jakaa selkeisiin kategorioihin, eivätkä elolliset olennotkaan ole oikeastaan kovin tarkkarajaisia. Myös ihmiselo näyttää aiempaa moniaineksisemmalta ja huokoisemmalta. Lynn Marguliksen sanoin:

> No matter how much our own species preoccupies us, life is a far wider system. Life is an incredibly complex interdependence of matter and energy among millions of species beyond and within our own skin. These Earth aliens are our relatives, our ancestors, and part of us. They cycle our matter and bring us water and food. Without 'the other' we do not survive.[8]

Symbiooseja on monenlaisia: esimerkiksi mutualistisia ja parasiittisia. Symbioottista lähestymistapaa soveltaen voi tarkastella vallan, vuorovaikutuksen ja esimerkiksi toiseuttamisen prosesseja hienojakoisemmin kuin kaksinapaisen vastakkainasettelun kautta. Sen avulla on mahdollista tutkia tarkemmin, millaisia yhteenkietoutumisen prosesseja on käynnissä tai minkälaisia toimijuuksia symbiooseissa muodostuu. Kaksinapaisessa ajattelussa puolestaan koetetaan luokitella elämää toisilleen vastakkaisiin ja selkeärajaisiin kategorioihin, jotka useimmiten asemoituvat hierarkkisesti suhteessa toisiinsa. Tästä syntyy erottelua, raja-aitoja ja toiseuttamista paitsi käsitteellisellä myös hyvin konkreettisella tasolla.

Toisin tietämisen tapoja

Symbioottisen ajattelun ohella ammennan erityisesti teoreettinen fyysikko ja feministinen tieteenfilosofi Karen Baradin *toimijuus-realismista*.[9] Tämä on kahtiajakoja purkavaa teoretisointia, joka mahdollistaa eettis-onto-epistemologisia läpimurtoja.[10] Barad on todennut ajattelunsa paikantuvan ekokritiikin ja queer-teorian risteyskohtaan. Muun muassa kvanttifysiikan ilmiöiden 'outoutta' (*queerness*) raottamalla Baradin ajattelu kyseenalaistaa kahtiajaot, joiden varaan nykyaikainen länsimainen maailmankatsomus pitkälti nojaa.[11] Tällaisia kahtiajakoja ovat esimerkiksi luonto/kulttuuri, subjekti/objekti, mies/nainen, musta/valkoinen. Kaksinapainen ajattelu myös tuottaa ja ylläpitää arvohierarkioita näiden kuvitteellisten vastinparien välillä.[12] Näistä syvään juurtuneista binääreistä on haastavaa päästää irti, mutta jos siinä onnistuu, maailma alkaa näyttää toisenlaiselta. Tällöin myös näkökulma taiteeseen muuttuu – taide alkaa toimia toisin. Myös historiallisesti muovautuneet hierarkiat eri tiedonmuotojen ja tekemisen tapojen välillä – vaikkapa taiteen ja käsityön väliset rajat – liudentuvat, tai jopa menettävät merkitystään.[13]

Barad muovaa argumenttinsa tarkastelemalla kvantti-ilmiöitä ja teoreettisen fysiikan tiedonmuodostuksen tapoja. Näin avautuu mahdollisuuksien, potentiaalien ja hienovireisten eroavaisuuksien maailmoja. Missä aiemmin näkyi vastakkainasetteluja, hahmottuu nyt yhteenkietoutuneita prosesseja sekä jatkumoita. Käsitteet kuten intra-aktio, diffraktio ja performatiivisuus siivittävät Baradin ajattelua ilmiasuille perustuvien representaatioiden ja niihin liittyvien heijastusten, reflektion, tuolle puolen. Baradin käsitteistö auttaa myös hahmottamaan taidetta toisin. Esimerkiksi käsitykset tekijyydestä ja teoksellisuudesta muuttuvat niiden myötä.

Feministisiä uusmaterialistisia ajattelusuuntauksia seuraillen kaikki ilmiöt ja ajattelun muodot ovat aina jollakin tavalla kytkeytyneitä maailman materiaalisiin prosesseihin (tai ovat niiden eri tavoin mahdollistamia). Materiaa ei hahmoteta kuolleena 'aineena' vaan monimuotoisina, eloisina ja ilmaisukykyisinä prosesseina. Materia ei ole vastakkaista merkityksille, vaan nämä ovat erottamattomasti yhteenkietoutuneita. Termi *materiaalisdiskursiivisuus* Baradin käsitteistössä viittaa siihen, kuinka materia ja kielelliset artikulaatiot tekevät toisiaan jatkuvassa liikkeessä. Feministiset uusmaterialistiset ajattelijat tekevät uudelleenajattelua moninaisten materiaalisuuksien tutkimisen kautta, kytkien ajatteluaan tietoisesti tiettyihin maailman kehkeytymisen prosesseihin. Erilaisten *toimijuuksien* tarkastelu on tässä keskeistä. Poliittinen teoreetikko Jane Bennett esimerkiksi kirjoittaa, että toimijuudet kehkeytyvät ihmisten ja muun lajisten toimijoiden *(more-than-humans)* muodostamissa monimutkaisissa verkostoissa – ei niinkään ihmiskeskeisesti tai selkeissä syy-seuraussuhteissa.[14] Bennett argumentoi, että poliittisen teorian tulisi tunnistaa ei-inhimillisten voimien osuus ilmiöiden muovautumisessa. Erilaisia materiaaleja seurailemalla hän rakentaa argumentin toimijuudesta hajautuneena, ei pelkästään ihmisoletetuille kuuluvana. Tällä hetkellä maailman ihmisyhdyskuntia ravisteleva COVID-19 -pandemia ja sen aikaansaama maailmanlaajuinen kaaos voisivat toimia tästä konkreettisena esimerkkinä. Virus vaikuttaa tällä hetkellä kaikkiin yhteiskuntien osa-alueisiin, paljastaa niiden rakenteelliset epäkohdat ja heikkoudet ja muovaa yhteiskuntia arvaamattomilla tavoilla.[15]

Monimuotoinen ja -lajinen toimijuus on avainasemassa myös Baradin ajattelussa. Hän sanoittaa sitä esimerkiksi *performatiivisuuden* käsitteen avulla. Tällaisilla materian uudelleenmäärittelyillä voi olla valtava vaikutus siihen, miten ihmiset hahmottavat oman maailmassaolonsa. Baradin ja Bennettin ajatuksilla voisi olla paitsi potentiaalisesti järisyttäviä makrotason vaikutuksia myös merkitystä sille, kuinka taidetta voi kokea. Esimerkiksi ajatukset tekijyydestä ja teoksellisuudesta muuttuvat heidän ajatteluaan seuraillessa aiempaa huokoisemmiksi.

ELÄVÄ MAA

> The most stable of the classical elements was earth. The most stable unit in the children's category game was mineral. But with age came the understanding that the stability is an illusion, and that categories are porous. The summit of Mount Everest is marine limestone, as John McPhee memorably put it. Only a prejudice could make us think the earth beneth our feet was not alive
>
> — Teju Cole[16]

Sijoiltaan menneet: maa ja muistot

Astun ruskeaksi maalattuun huoneeseen, jonka valtava kuutio tummanruskeaa maa-ainesta täyttää miltei ääriään myöten. Dineo Seshee Bopapen installaatio *Kgoro, we can't afford not to mourn (tell me, can you dispossess a void?)* (2019)[17] yllättää. Kapeaan kuutiota ympäröivään tilaan on sijoitettu vain muutama puujakkara. Hetkellisesti tämä näennäisen tyhjä tila tuntuu jopa maa-ainesta korostuneemmalta elementiltä, mutta heti kun istahdan matalalle jakkaralle, kuutio tuntuu vyöryvän ylleni.

Näyttelyn äänioppaassa Bopape kertoo seinien ruskean sävyn toistavan hänen ihonsa värisävyä. Mielessäni maataiteeseen ja minimalismiin ensi silmäyksellä viitannut teos muuntuu äkillisesti tilanteeksi, jossa maa ja iho kietoutuvat toisiinsa. Tunnen poimuttuvani osaksi tätä prosessia: tunkeilijana, viruksen lailla.

Maa-aines on ollut Bopapen teoksissa eri tavoin esillä pitkään ja sen läsnäolo kertoo aina jotakin historiasta: maa on muisti, eräänlainen elävä tallenne, johon on imeytynyt paljon – alkuja, loppuja ja yhä uusia alkuja. Tämän teoksen kohdalla taiteilija kertoo miettineensä, kuinka käsitellä maan läsnäolon kautta vaikeita asuttamisen, kuulumisen, omistamisen ja valloittamisen kysymyksiä. Toisinaan Bopapen teokset paikantuvat niissä käytetyn maa-aineksen myötä vahvemmin johonkin tiettyyn paikkaan. Tällä kertaa abstrahointi – kontekstistaan irrotettu maakuutio – tuntuu korostavan vieraantumista ja paikantumisen vaikeutta ekstraktivistisissa kulttuureissa, joissa osa ihmisistä on raastettu juuriltaan, osa taas kamppailee oikeudesta maahan, jota ovat asuttaneet vuosituhansien ajan. Vain osalla on etuoikeus kokea kuuluvansa johonkin. Näihin tarinoihin ja vääryyksiin liittyy myös teoksen suremiseen, menneisyyden ammottaviin haavoihin ja haamuihin viittaava nimi. Teoksessa maa-aines ei vain viittaa muistiin ja muistoihin, se on elävä tallenne tai arkisto: koti lukuisille pienille elämän ja olemisen muodoille (kasvi-, eläin-tai mineraaliperustaisille – ja kenties myös toistaiseksi keksimättömille).

Maalliset halut

Tip, tip, tip – – – Tip, tip, tip. Kuulen valkoiselle raakaposliinikimpaleelle tippuvat pisarat. Candice Linin installaation, *The slow erosion of a hard white body (Chinese water torture)* (2018)[18] hana on ollut auki vasta noin viisitoista minuuttia, mutta hieman kosteaan posliiniin on jo ehtinyt porautua reikä. Lattialle, installaation alapuolelle, leviää tahra. Teoksen keskiössä hiljalleen veden voimasta muovautuva posliinipala on osa taiteilijan suunnittelemaa systeemiä, joka muistuttaa kiinalaista vesikidutuslaitetta. Monimutkainen installaatio käsittelee vallan rakenteita ja representaatioita, joita vieraiden kulttuurien toiseuttamiseen ja kolonisointiin perustuva maailmanjärjestys karkeimmillaan tuottaa. Teoksellaan Lin tekee tuntuviksi tapoja, joilla länsimainen orientalisoiva ja eksotisoiva katse on vuosisatojen saatossa muovannut stereotyyppisiä, halventavia ja väheksyviä mielikuvia Kiinan kulttuureista ja ihmisistä.

Materiaalivalintojensa avulla (raakaposliini, tupakka, unikonsiemenet, sokeri) Lin tarkastelee, kuinka maanosat, kulttuurit ja ihmiset, jotka ovat näyttäytyneet toisina nk. länsimaiselle katseelle, ovat päätyneet kolonisaation ja muiden hyväksikäytön muotojen myötä vahvojen läntisten valtakuntien hyödyntämiksi 'resursseiksi'. Samalla Lin porautuu syvälle tämänhetkisten ekokriisien taustalla piilevän ekstraktivistisen maailmankuvan ytimeen, jossa niin sanottu kasvu ja kehitys tapahtuvat aina toiseutettujen ('luonnonvarat', rodullistetut ihmiset) kustannuksella. Linin installaatio muodostaa raakaposliinin ympärille hataran rakennelman, jossa halu ja väkivalta kietoutuvat erottamattomalla tavalla yhteen. Vaikka installaatio tekee imperialismin ja kolonialismin historiallisia jatkumoita tuntuviksi, huomio kiinnittyy myös eläväisiin materiaalisuuksiin ja niiden toimijuuksiin: Linin teoksissa usein esiintyvät sokeri, oopiumunikon siemenet, tupakka ja posliini ovat kaikki eri tavoin mullistaneet geopoliittisia suhteita haluttavuudellaan.

The slow erosion of a hard white body -installaatiossa pääosassa on raakaposliini. Materiaalivalinnalla Lin kertoo muun muassa siitä, kuinka tarkoin varjeltu posliininvalmistuksen taito varastettiin Kiinasta länteen. Lin on kirjoittanut, että posliinin historia onkin ollut 'läntisen halun kohdistumista kiinalaiseen objektiin'.[19] Hänen teoksensa kalvakka posliinikimpale viittaa myös valkoiseen ihoon sekä valkoisuuteen kulttuurisena käsitteenä. 1700-luvun Euroopassa posliinia fetisoitiin juuri sen 'valkoisuuden' ja 'puhtauden' takia – nämä ominaisuudet on pitkään liitetty myös eksotisoiviin mielikuviin itäaasialaisten naisten kehoista.[20]

Linin teoksissa kompleksisuus on koherenssia tärkeämpää. Hänen taiteensa houkuttelee esiin merkitysten moninaisuutta yksinkertaistavien representaatioiden sijasta. Baradilaisittain ajateltuna se toimii *diffraktion*, ei reflektion logiikalla. Teokset ovat fragmentaarisia, ja usein ne suorastaan sotkevat ympäristöään. Niistä keskustellessa on käännettävä selkä suositulle antroposeeni -diskurssille, joka kyllä huomioi ihmisten vaikutukset maapallon ekosysteemeihin, mutta universalistisuudessaan unohtaa näihin prosesseihin vaikuttavat elintärkeät erot ja eriarvoisuudet. Itse lähestyn Linin teoksia mieluummin vaikkapa Bennettin hajautuneen ja monilajisen toimijuuden käsitteiden avulla.

Mikäli materiaa ja merkityksiä ajatellaan baradilaisittain erottamattomasti yhteenkietoutuneina, Lin rapauttaa, fermentoi, uuttaa ja liuottaa historian saatossa muovautuneita merkityksiä tavalla, joka estää liian suoraviivaiset tulkinnat sekä sekoittaa vaikutus- ja subjekti-objekti suhteet. Kaikki kiertää hänen rakentamissaan huokoisissa systeemeissä. Ainekset sekoittuvat ja leviävät ympäristöönsä tahraten ja haihtuen. Jatkuva, ennalta-arvaamaton muutos on paitsi mahdollinen myös väääjäämätön. Se on mitä olennaisin elementti Linin taiteessa.

Maaenergiaa

Linin ohella myös Ivana Králíková on kiinnostunut selkeärajaisten kategorioiden rikkomisesta. Kokeilevaa otetta keramiikkatyöskentelyyn soveltava taiteilija on kehitellyt hybridisiä praktiikoita kuten *Clay Dj:ing* (2012–2014), jossa keraamikon ja levyjä soittavan DJ:n toimintatavat yhdistyvät odottamattomalla tavalla: live-performansseissa vinyylilevysoittimen pyörivä kääntöpöytä toimii eräänlaisena dreijana Králíkoválle, jonka käsien nopeus ja kosketuksen paino vaikuttavat siihen, miltä soiva musiikkiraita kuulostaa. Levyjen pyörittämisestä syntyy keraamisia kuppeja, ja samalla taidemuotojen ja praktiikoiden (keramiikka, nykytaide, performanssi, musiikki) välille vedetyt rajat liukenevat.

Viime vuosina Králíkováa on kiinnostanut ihmisten suhde maa-ainekseen ja maaperään, urbaani maankäyttö sekä maan kiertokulku kaupungeissa. Hän lähestyy näitä aiheita kirjaimellisesti hyvin maanläheisesti. Tutkimuksellisessa projektissaan *Gräv där du står* ('dig where you stand', 2017–) hän on esimerkiksi keräillyt maa-aineksia eri puolilta Tukholmaa ja sen lähiöitä, tuonut kaoliinia Tsekin tasavallasta ja hankkinut tanskalaista savitavaraa. Näistä hän on muovaillut maaparistoja (earth batteries) yhdistämällä maa-ainekset elektrodeina toimiviin sinkkilevyihin ja kuparijohtoon. Králíková kirjoittaa olleensa kiinnostunut eri materiaalien sähkönjohtavuudesta, ja onnistuneensa myös tuottamaan energiaa paristosarjansa avulla. En tosin ole varma, riittikö se tuottamaan virran tämän performanssiin, kuten taiteilija suunnitteli. Myös Králíkován installaatio *Earth, Wind, Fire, Water* -näyttelyssä Galleri F 15:ssä tarkastelee maa-ainesta ja sen mineraaleja, tällä kertaa Jeløystä kaivettujen näytteiden avulla. Vaikka sähköverkosta irtautumiseen pyrkivä 'off-the-grid' -ajattelu ja energiaomavaraisuus tuntuvat kasvattavan suosiotaan, ei nykytaiteen instituutioissa vielä ainakaan kovin laajamittaisesti olla lähestytty näitä kysymyksiä. Králíkován lähestymistapa on kokeileva ja poeettinen ja myös hauskalla tavalla käytännöllinen lähestymistapa taiteen energiaperustan miettimiseen ja muuttamiseen. Králíkován maaparistot johtavat ajatukseni kysymykseen siitä, miten ja millaisin ehdoin taide voisi tuottaa oman energiansa? Millaista taide siinä tapauksessa voisi olla?

Fossiilipolttoisissa ja luonnonvaroilla käytävään kauppaan perustuvissa ekstraktivistisissa kulttuureissa energia käsitetään tietyllä, niille tyypillisellä tavalla – laskennallisesti mitattavissa olevana resurssina. Jälkifossiilisen kulttuurin teoreetikko, tutkija-kirjoittaja Antti Salminen argumentoi, että tällä hetkellä energia hahmotetaan usein kapasiteettina 'tehdä työtä'. Toisaalta energian luonnetta ei ole juurikaan arjessa tarvinnut pohtia, sillä edullisten energianlähteiden saatavuutta on totuttu pitämään itsestäänselvyytenä. Salmisen mukaan siirtymä fossiilisten energianlähteiden käytöstä uusiutuviin energiamuotoihin ei olisi ainoastaan tekninen muutos vaan perustavanlaatuinen kulttuurinen murros. Mikäli energiakäsitykset ja energiajärjestelmät olisivat toisenlaisia kuin nyt, olisivat myös kulttuurit kovin toisenlaisia. Esimerkiksi tuottavuuteen ja tuhlailevuuteen suhtauduttaisiin kenties aivan toisin ja taidekin saisi toimintana uudenlaisia merkityksiä.[21]

Charlotta Östlund, *Wasteland Stanzas, BOUQUET* (2016).
Petals, plant parts, stone, concrete, asphalt etc.
The Finnish National Gallery / Museum of Contemporary Art Kiasma
Photo: Pasi Autio

Maallisia muodonmuutoksia

Králíkován tapaan myös Charlotta Östlundin teokset ovat edellyttäneet taiteilijan jalkautumista maastoon. Östlund keräilee suurimman osan materiaaleistaan kävelyretkillään. Juuri jalkaisin liikkuminen mahdollistaa virittäytymisen ympäristön erilaisten materiaalisuuksien ja näkymättömien yhteyksien huomaamiseen.

Viimeksi vietin Östlundin teosten äärellä aikaa helsinkiläisen nykytaiteen museo Kiasman *Yhteiseloa*-näyttelyssä.[22] Ihastelin puunoksan repeytyvän kaarnan alta pilkottavaa, kukan terälehtien muodostamaa värikylläistä pintaa *(Nahanluonti / Moulting, 2017)* ja ylösalaisin aseteltua kukkakimppua, jonka kukinnot avautuivat kivinupuiksi *(Kimppu / Bouquet, 2016)*. Henkäyksenkeveät, kuivatuista kasvinosista ja muista luonnonmateriaaleista sekä tarkoin valikoiduista muista 'komponenteista' koostetut veistokset osuivat ensi kerran eteeni Östlundin *Joutomaan säkeitä / Wasteland Stanzas* -soolonäyttelyssä vuonna 2017.[23] Toinen toistaan hauraammilta vaikuttavat teokset olivat galleriassa esillä luonnonvalossa ilman suojaavaa lasia

Karoline Hjorth & Riitta Ikonen,
Eyes as Big as Plates # Edda (Seltún, Iceland 2013)
Photo: Karoline Hjorth & Riitta Ikonen

tai aitauksia, ja niiden kohtaaminen sai minut liikkumaan ja jopa hengittämään varovaisemmin. Silti en malttanut olla menemättä aivan lähelle, jotta huomaisin jokaisen äärimmäisellä huolella ja herkkyydellä toteutetun yksityiskohdan.

Näennäisen pienillä muutoksilla Östlund saa aikaan eräänlaisia kimeerisiä hybridejä, joissa erilaiset materiaalit ja niiden erilaiset ajallisuudet (mieti vaikkapa kukan ajallisuutta suhteessa kiveen) sulautuvat saumattomasti yhteen. Teoksissa taksonomiset luokitukset ja lajirajat häilyvät, eivätkä kasvit, eläimet tai mineraalit ole erillisiä kategorioita vaan osa toisiansa. Ne tuovat mieleeni Harawayn teoksessaan *Staying with the Trouble* (2016) punomat 'Camille -tarinat' ihmisten ja monarkkiperhosten risteytyksistä – monilajisista symbionteista, joiden avulla koetetaan varmistaa lajien säilyminen tulevaisuudessa.[24] Östlundin teokset näyttävät kuitenkin ennemmin juhlivan katoavaisuuttaan. Tämä vaikutelma vain vahvistuu sen myötä, miten niissä hetkellisesti elävä ja kuihtuva yhdistyy mineraalien suhteelliseen pysyvyyteen.

Maaksi tuleminen

Myös Riitta Ikosen ja Karoline Hjorthin jaettu praktiikka perustuu erilaisissa maastoissa liikkumiseen, niihin virittymiseen sekä maadoittumiseen. He lähestyvät maahan kytkeytymistä, kuulumista ja kiertokulkua yhteisen valokuvaprojektinsa *Eyes as Big as Plates* (2011–) kautta. Sen puitteissa taiteilijakaksikko on valokuvannut ikäihmisiä eri puolilla maailmaa hyvin erilaisissa ympäristöissä. Näissä paikoissa ei näy rakennettua ympäristöä, vaan maan muotoja, taivasta, vettä ja kasvillisuutta. Kuvissa esiintyvät ihmishahmot ovat verhoutuneet mielikuvituksellisiin, veistoksellisiin asuihin. Niiden lähtökohtina ovat toimineet pohjoismaisten kansanperinteen myyttiset hahmot tai mallien omat mielenmaisemat. 'Asuveistokset' valmistetaan kasveista, mudasta, simpukankuorista tai muista kullekin paikalle ominaisista materiaaleista. Myyttien ja materiaalisuuksien jaetun tutkiskelun myötä syntyy omaperäistä esteettistä kieltä ja omalakisia maailmoja. Valokuvat voisivat kenties olla myös jonkinlaista kasvi-ihmis-yhteistyön tai symbiotiikan dokumentaatiota (vaikka kasviosapuolten osallistumista tuskin voidaan pitää suostumukseen perustuvana!)

Teossarjassa kuvattujen ihmisten ja taiteilijoiden ohella paikat, joissa kuvaukset tapahtuvat sekä ympäristöstä löytyneet kasvit ja muut materiaalit muovaavat prosessia ja sen lopputulemia. Taiteilijat eivät ole sortuneet rajaamaan kuvauspaikkoja ainoastaan henkeäsalpaavan hienoiksi maisemiksi, vaan ne näyttäytyvät ennemmin kerrostuneina tilanteina, jotka pursuavat potentiaalia eloisuuteen ja leikkisyyteen. Katsoessani näitä valokuvia mieleeni muistuu Baradin ajatukset *intra-aktiosta*. Perinteisemmästä vuorovaikutusajattelusta (interaktio) poiketen, intra-aktiossa mitkään asiat eivät edellä niitä suhteita, joissa ne muotoutuvat. Ilmiöt tekevät toisiaan dynaamisissa suhteissa, ilman selkeitä rajalinjoja, jotka erottelisivat olennot (subjektit ja objektit) toisistaan. Sen sijaan on vain *tila-aika-materiaalisuuden* poimuttumista ja purkautumista.[25] *Eyes as Big as Plates* -sarjan kuvat kumpuavat intra-aktioista, joissa ympäristöt ja ihmiset (tai ennemmin *holobiontit*, monilajiset koosteet) ikään kuin muovaavat toisiaan.

Valokuvaan taidemuotona, erityisesti muotokuvaan, liitetään usein mielikuva väkivaltaisuudesta. Ikosen ja Hjorthin työskentelytavat eivät ole minulle perusteellisen tuttuja, mutta kuvasarja tuntuu säteilevän lämmintä huumoria, joka lievittää tätä huolta. Vaikka teossarja kuvaakin ihmisiä, jotka eivät ole kovin näkyviä tämänhetkisessä kuvakulttuurissa, tässä tapauksessa heitä ei esitetä osana tiettyä ihmisryhmää. Orgaaniset veistosasut toimivat taianomaisesti sekä muuntautumiskykyä korostavina peiteasuina että korostaen jokaisen henkilön persoonallista läsnäoloa. Henkilöt, jotka eivät ehkä muuten tulisi nähdyiksi taiteessa tai kuvakulttuurissa laajemmin, ottavat uusia hahmoja, jotka samanaikaisesti nousevat esiin ja sulautuvat ympäristöönsä. Prosessi tuntuu vastustavan tavanomaista taiteen ja kuvakulttuurin logiikkaa, jossa jotakin ihmisryhmää representoidaan toiseuttavan linssin läpi. Tässä yhteydessä valokuvaus vaikuttaa väkivaltaisen haltuunoton välineen sijasta väylältä yhteyksien rakentamiseen.

Näitä ainutkertaisia myyttisiä maailmoja yhdistää yhteenkietoutuneisuuden periaate: kaikki kuvissa tuntuu olevan osa liikkeessä olevaa kokonaisuutta. Iho, muta ja jäkälä sulautuvat toisiinsa. Vietän eniten aikaa kuvien äärellä, joissa ihmishahmot eivät näytä enää kovin ihmismäisiltä, vaan ovat osittain imeytyneet tai imeytymässä maan sisään, kasvillisuuteen, veteen. Tämä ääriviivojen liukeneminen tuntuu hellältä ja lohdulliselta prosessilta, kiertokululta päätepisteen sijasta.

Maahan kuuluva

Symbioottisten kanssaelon prosessien huomioiminen ohjaa myös Hildur Bjarnadóttirin työskentelyä. Tekstiilimaalauksissaan hän tarkastelee värin materiaalisuutta – väriä materiaalina. Keskityn erityisesti hänen tilkuista valmistamiinsa silkkikompositioihin, sommitelmiin, jotka hän värjää hyper-paikallisesti valmistamillaan kasvipigmenteillä sekä akryylimaaleilla (mutkistaakseen liian suoraviivaisia ajatuksia luonnosta ainoastaan jonakin puhtaana ja alkuperäisenä).[26] Bjarnadóttirin teokset vetävät huomioni puoleensa, sillä ne ovat samanaikaisesti monta asiaa: tekstiiliteoksia sekä maalauksellisia kompositioita.

Tapa, jolla Bjarnadóttir ripustaa maalatut silkkikankaansa haastaa ajatuksen materiaalin täydellisestä kontrollista. Silkin materiaalisuus, sen tapa toimia, ei noudata tiukkaa geometrista järjestystä – se liikkuu, vetää, venyy, poimuttuu ja rypistyy. Silkkiperhosen toukkien kehräämän langan hengittävä läpinäkyvyys ja keveys tekevät materiaalin alttiiksi pienimmillekin ympäristössä tapahtuville muutoksille. Taiteilija myös altistaa silkkiteoksiansa omaehtoisesti muutokselle: purkamalla tilkkujen saumoja ja liittämällä niitä yhteen uusin tavoin hän voi koostaa niistä uusia konfiguraatioita erilaisiin tiloihin. Näin silkkitilkuista muodostuu alati muuntuvia, *modulaarisia* kompositioita.

Bjarnadóttir asuttaa maapalstaa nimeltä Þúfugarðar Etelä-Islannissa ja hänen työskentelynsä muotoutuu suhteessa tähän paikkaan. Maapalansa kautta hän tutkii mahdollisuutta asettua, juurtua ja kuulua jonnekin. Hänen työskentelynsä on tässä tekstissä esiintyneistä taiteilijoista kenties kaikkein vahvimmin kytkeytynyttä tiettyyn paikkaan ja sen ekosysteemeihin. On tärkeä taustatieto, että Bjarnadóttir omistaa maapalansa. Tämä on olennaista siksi, että satojen vuosien ajan ainoastaan taloudellisin ehdoin määritelty ja juridisesti tunnustettu omistajuus on voinut turvata pitkäkestoisen yhteyden johonkin maa-alueeseen.[27] Tämä on ollut erityinen haaste alkuperäiskansoille, kolonisoiduille, orjuutetuille ja rodullistetuille ihmisille – sekä naisille. Yhtäkkiä en voi olla ajattelematta Dineo Seshee Bopapen installaatiota ja sen käsittelemää surua sijoiltaanmenoista (*dislocations*), joita imperialistiset, kolonialistiset ja patriarkaaliset halut tuottaneet. Tämä on *diffraktiivisen* luennan hetki: Bjarnadóttirin kuulumisen (*belonging*) tarkastelu Bopapen pakotettujen paikoiltaanmenemisten kautta. Bjarnadóttir ei tarkoituksella sivuuta näitä kysymyksiä, mutta hänen työnsä keskittyy tarkastelemaan, *mitä voi tapahtua,* jos joku saa tilaisuuden juurruttaa itsensä jonnekin pidemmäksi aikaa.

Hänen maapalansa kasvien muodostamat värit ovat tämän tarkastelun keskiössä. Aikaa vievän prosessin myötä Bjarnadóttir valmistaa väriaineita tarkkaan tuntemiensa kasvien lehdistä, kukintojen terälehdistä, juurista ja muista kasvinosista. Hänen praktiikkansa on eräänlaista keskittyneisyyden ja juurtumisen tietoista harjoittamista, jossa olennaista on ajankäyttö ja virittäytyminen (*attuning*). Virittäytyminen mahdollistuu taiteilijan sanoin ainoastaan sen ansiosta, että hän on viettänyt aikaa juuri tässä paikassa seuraillen, kuinka sen kasvillisuus muuttuu vuodenajasta toiseen.[28] Kasvit ovat hänen taiteessaan aktiivisia osanottajia ja toimijoita – ne kommunikoivat ympäristönsä kanssa ja vaikuttavat siihen. Ne ovat eläväisiä kuten maa, joka niitä kantaa. Ne varastoivat informaatiota ympäristöstään, muuttavat sitä pigmenteiksi ja vapauttavat niitä. Niiden harjoittama yhteyttäminen on äärimmäisen kehittynyt luontoperustainen energiateknologia, jossa valoa tallentavat ja heijastavat pigmentit ovat olennaisia. Ainoastaan ihmisten sitkeät ennakkoluulot kasvien älykkyyttä kohtaan estävät huomaamasta, kuinka kasvit ja muut toislajiset toimijat mahdollistavat olemassaoloamme.

Symbioottinen maa

> Making is always collaboration, being is always togetherness. Living in an illusion of autonomy, we fail to perceive the non-human elements that support our existence.
>
> — Alma Heikkilä[29]

Kiertokulut ja symbioottiset keskinäisriippuvuudet ovat rihmastomaisesti läsnä helsinkiläisen Alma Heikkilän työskentelyssä.[30] Kohtasin Heikkilän teoksia ensimmäisen kerran tämän soolonäyttelyssä *Truth N* vuonna 2013.[31] Näyttely jäi mieleeni, sillä se horjutti tuttuja katsomisen tapojani. Erikokoiset maalaukset oli soviteltu tilaan odottamattomin tavoin. Taitavasti rakennettu ripustus imaisi minut sisälle tilanteeseen, jossa erilaisissa skaaloissa tapahtuvat, näennäisesti erilliset ilmiöt kietoutuivat yhteen. Ensin katselin ihmisen valtavaa otsaa ikään kuin iholle laskeutuvan hyönteisen näkökulmasta. Seuraavassa hetkessä etsin merkityksiä maalauksista, jotka jäljittelivät äärimmäisen tarkasti vaikutelmaa älylaitteiden näyttöjen mustista, sormenjälkien tahraamista pinnoista. Samassa huomasin suurennokset seteleistä ja muista markkinatalouden instrumenteista.

Heikkilä maalaa usein vaikkapa ihmisten ihoa, suolistoa ja niiden mikrobeja, mutta samoin teoksissa ovat läsnä kosmiset ilmiöt, erilaiset energianlähteet, viittaukset ilmastotutkimukseen tai finanssisektoriin. Yhtäkkiä intra-aktiiviset yhteenkietoutumiset tietokoneiden näyttöjen, ihohuokosten talin ja rahatalouden prosessien välillä piirtyivät lähtemättömästi mieleeni. En enää kyennyt hahmottamaan näitä toisistaan irrallisina ilmiöinä. Näennäisen epäsuhtaiset asiat muodostivat diffraktiivisia, assosiatiivisia ekosysteemeitä, joita oli mahdotonta tarkastella vain yhdestä näkökulmasta.

Tuosta kohtaamisesta lähtien olen seurannut Heikkilän työskentelyä suurella uteliaisuudella. Yhä minua kutkuttaa hänen tapansa tarkastella mikrobiaalisia ja kosmisia ilmiöitä yhtäaikaisesti ja samanarvoisina. Erilaisten mittakaavojen yhdistely, katsojalle asetettu haaste katsoa asioita samanaikaisesti monista eri näkökulmista sekä eheästä kokonaiskuvasta kieltäytyminen kiehtovat ja haastavat minua. Maalien ja siveltimien avulla Heikkilä luo uusia konfiguraatioita erilaisilla teknologisesti kehittyneillä kuvantamistekniikoilla tuotetuista valokuvista: makrokuvista mikrobeista, teleskooppien avulla tallennetuista kuvista auringon pinnasta, ihmissuoliston sisuksista...Intensiivisellä huomion (eräänlaisen maalauksellisen makro-fokuksen) suuntaamisella fragmentteihin, ja niiden tilallisella yhdistelyllä, Heikkilä tekee näkyviksi symbioottisia keskinäisriippuvuuksia – niitä hienoja lankoja, jotka yhdistävät maailman moninaiset prosessit toisiinsa. Monessa Heikkilän näyttelyssä näkyy myös sinne tänne näyttelytilaan sijoitettuja kääpä- ja muita kasvustoja, jotka paljastuvat lähemmässä tarkastelussa taiteilijan valmistamiksi. Vaikka Heikkilä on tarkka käyttämiensä materiaalien suhteen, hänen kahtiajakoja purkavassa taiteellisessa työskentelyssään raja niin sanotun orgaanisen ja synteettisen välillä tuntuu jollain tapaa hyvin häilyvältä, tai ei ainakaan kovin oleelliselta jäsennystavalta. Kääpämäiset veistokselliset elementit näyttävät kasvavan näyttelytilojen seinistä ja veistoksellisten elementtien pinnoilta, ikään kuin ne olisivat levittäytyneet kaikkialle niiden rakenteisiin ja hajottaisivat niitä vaivihkaa. Jotenkin tämä tuntuu oikealta, ei niinkään huolestuttavalta (Mikäli sienet päättäisivät ottaa elonkehän haltuunsa, ei ihmisillä kenties olisi juurikaan vaikutusvaltaa asiassa!)

Heikkilää kiinnostaa myös hänen työskentelynsä energeettis-materiaalinen perusta: kaikki se, mikä mahdollistaa hänen taiteensa. Usein teosten nimet esimerkiksi viittaavat niihin teollisiin ja logistisiin prosesseihin, joiden myötävaikutuksella ne ovat toteutuneet. Saadakseen aikaan laajamittaista myönteistä muutosta elonkehän elinvoimaisuuden suhteen, hän ajattelee henkilökohtaista taiteellista praktiikkaansa laajemmin: hän on esimerkiksi ekologiseen kestävyyteen suuntautuneen Hyrynsalmella sijaitsevan Mustarinda-residenssin perustajajäsen sekä harvinaisten ikimetsien suojelija. Taiteensa kautta Heikkilä antaa ihmisille keinoja hahmottaa elämää kannattelevia ja tuhoavia prosesseja, joihin jokaisen ihmisen elämä kietoutuu erilaisin tavoin. Hänen mikrobiaalis-kosmiset teoksensa auttavat hahmottamaan, miten ihmisenä olo ei ole ainoastaan inhimillinen prosessi, vaan symbioottista kanssaeloa.

LOPUKSI

Tämä teksti kytkeytyy omiin pyrkimyksiini m uuttua vastaanottavaisemmaksi maailman kuiskauksille, näkymättömille voimille ja kaavoille.[32] Tietoisuus nopeasti kiihtyvästä elonkehän tuhosta luo painetta uudistaa perustavanlaatuisia käsityksiä modernien yhteiskuntajärjestelmien taustalla. Luonto, ihmisyys, tieto, kehitys – kaikki nämä ovat aikojen saatossa kulttuurisesti muovautuneita, ideologisesti värittyneitä käsitteitä, joilla on monenlaista poliittista painolastia. Haastava ekologinen tilanne ja yhä kasvava ymmärrys ekosysteemisistä, monilajisista keskinäisriippuvuuksista kasvattaa tarvetta uudenlaisille ajattelutavoille ja sanastolle. Taide ja muut luovan toiminnan muodot ovat myös transitiossa. Niiden on vastattava muutospaineisiin, jotta ne voivat säilyttää *resilienssinsä* ja relevanssinsa nopeasti muuttuvassa tilanteessa.

Siirtymässä jälkifossiilisiin kulttuureihin on kyse ekologisesti kestävien elämisen tapojen opettelusta ja symbioottisten yhteyksien huomioimisesta. Tämä tarkoittaa

Alma Heikkilä, ', '/ ~ flashing decaying wood, / /_ / ~. / *___.. ** (2018).
Acrylic, conifer plywood, European alder water, ink, metal, plaster, polyester.
Image: Casco Art Institute: Working for the Commons, Utrecht, the Netherlands, 2018. Photo: Rachel Morón

massiivisia muutoksia energiajärjestelmiin, mutta ennen kaikkea perustavanlaatuista kulttuurista murrosta. Se muuttaa syvään juurtuneita arvoja ja ajatuksia hyvästä sekä merkityksellisestä elämästä. Taide ja muu luova toiminta ovat avainasemassa tässä muutoksessa, sillä ne antavat voimaa ja työvälineitä mielikuvitukselle – mahdollisuuksia nähdä ja kuvitella totuttuja asioita toisin. Ne voivat ruokkia toisin tietämisen tapoja.

Olen esitellyt ajatuksia, jotka mielestäni tukevat 'virittymistä oikeille taajuuksille' matkalla kohti fossiilivapaata maailmaa. Karen Baradin, Donna Harawayn, Jane Bennettin ja Lynn Marguliksen ideoiden myötävaikutuksella olen koettanut hakeutua humanismin piiristä kohti *humusismia:* ihmiskeskeisestä maailmankatsomuksesta ja toimintatavoista kohti monilajisen yhteistyön muotojen tunnistamista ja tunnustamista. Tällainen maailmankatsomus on nähdäkseni ainoa mahdollinen perusta elinkelpoiselle elonkehälle ja ekologisesti kestäville yhteiskuntajärjestelmille. Ihailemani kirjailijan, Ursula K. Le Guinin, sanoin: 'To use the world well, to be able to stop wasting it and our time in it, we need to relearn our being in it.'[33]

Loppuviitteet

1 Olga Tokarczuk, *Drive Your Plow Over the Bones of the Dead.* (London: Fitzcarraldo Editions, 2019), 19–20.

2 Jussi Parikka, '*Cartographies of Environmental Art'*. Teoksessa *The Midden,* toim. Jenni Nurmenniemi ja Tracey Warr (Helsinki: Garret Publications, 2018), 82–113.

3 Karen Barad, '*Nature's Queer Performativity*', (authorized version). *Kvinder, Køn & Forskning*, vol. 1–2 (2012), 32.

4 Termi fossiilinen moderni viittaa tässä yhteydessä siihen, kuinka keskeisiä fossiiliset energianlähteet ovat olleet niin sanottujen modernien yhteiskuntien muotoutumiselle sekä niiden jatkuvuudelle.

5 Donna Haraway, '*Symbiogenesis, Sympoiesis, and Art Science Activisms for Staying with the Trouble*', teoksessa *Arts of Living on a Damaged Planet*, toim. Nils Bubandt, Elaine Gan, Heather Swanson, Anna Tsing (Minneapolis: University of Minnesota Press, 2017), *Monsters*, 25. (*Sympoiesis* on Beth Dempsterin alun perin opinnäytteessään lanseeraama käsite).

6 Isabelle Stengers, *In Catastrophic Times. Resisting the Coming Barbarism.* (London: Open Humanities Press in collaboration with Meson Press). https://meson.press/wp-content/uploads/2015/11/978-1-78542-010-8_In-Catastrophic-Times_Stengers.pdf (haettu 16.2.2020).

7 Gabriel Popkin, *'Wood wide web – the underground network of microbes that connects trees – mapped for first time'*. https://www.sciencemag.org/news/2019/05/wood-wide-web-underground-network-microbes-connects-trees-mapped-first-time

8 Lynn Margulis, *Symbiotic Planet: A New Look at Evolution* (New York: Basic Books, 1998), 111.

9 'Agential realism is a posthumanist performative ethics that uses the insights of quantum theory to reconceptualize our understandings of subjectivity, agency, causality, and – ultimately – the being of the universe itself.' https://www.depauw.edu/sfs/review_essays/vint105.html (haettu 13.3.2020).

10 Baradin kehittämä käsite viittaa etiikan, ontologian ja epistemologian erottamattomuuteen. Baradin erotteluja purkavalle kirjoitustavalle on tyypillistä tavallisesti erikseen kirjoitettujen sanojen yhdistäminen (esim. *luontokultttuurit, materiaalis-diskursiivisuus*, jne.).

11 Erityisesti valistusajan myötä ja Renée Descartesin mukaan nimetyn kartesiolaisen ajattelun vakiintumisen jälkeen. Kartesiolainen ajattelu, jossa ajatteleva mieli erotetaan lihallisesta ruumiista ja ympäristöstään, on keskeisesti vaikuttanut länsimaisen modernin dualistisen ajatteluperinteen kehittymiseen.

12 Barad, *Nature's Queer Performativity*, 32.

13 Julkaisusarjassa Documents on Contemporary Crafts ilmestyneessä artikkelissa kuraattori ja kirjoittaja Knut Astrup Bull valottaa dualistisen ajattelun vaikutuksia taiteessa sekä taiteen ja käsityön välisen suhteen määrittelyissä. Hän esittää myös uusmaterialistisista ajatteIusuuntauksista kumpuavia keinoja purkaa dualistisen ajattelun tuottamia rajanvetoja. Lue lisää: Knut Astrup Bull, 'You in Between: From Aesthetic Difference to Aesthetic Differing', teoksessa: *Material Perceptions.* Documents on Contemporary Crafts, no. 5. toim. Knut Astrup Bull ja André Gali, 29–46 (Oslo ja Stuttgart: Norwegian Crafts ja arnoldsche Art Publishers, 2018).

14 Jane Bennett, *Vibrant Matter: A Political Ecology of Things* (Durham, NC: Duke University Press, 2010).

15 COVID-19 on lyhenne tarttuvalle viruSperäiselle taudille, jonka aiheuttaa vuonna 2019 löydetty uusi koronavirus.

16 Teju Cole, ote esseestä '*Eight Turns*', teoksessa *Otobong Nkanga: To Dig a Hole that Collapses Again* (New York: Prestel Publishing, yhteistyössä Museum of Contemporary Art Chicago ja DelMonico Books, 2018), 35.

17 *Soft Power* -ryhmänäyttely, San Francisco Museum of Modern Art. 26.10.2019–17.2.2020. Kuraattori: Eungie Joo.

18 Fiskars Village Art & Design Biennale, nykytaideosio: *Kanssaelo / Beings with*, 17.5.–15.9.2019. https://fiskarsvillagebiennale.com/#art (haettu 4.3.2020).

19 Lisätietoa: Lotte Arndt ja Yesomi Umolu, *Candice Lin – A Hard White Body* (Chicago: Reva and David Logan Center for the Arts. Levitys: University of Chicago Press, 2019).

20 Danielle Wu: '*Do Androids Dream of Whiteness? Yellowbotics and the Yellow Cyborg'*. https://unbag.net/reverie/do-androids-dream-of-whiteness

21 Antti Salminen, '*On the meaning of experimental art in the eye of the anergy storm*', teoksessa *The Midden,* toim. Jenni Nurmenniemi ja Tracey Warr (Helsinki: Garret Publications, 2018), 22–49.

22 *Yhteiseloa – ihminen, eläin ja luonto* Kiasman kokoelmissa. 26.4.2019–1.3.2020.

23 MUU Galleria 24.2.–2.4.2017. www.charlottaostlund.com/works/

wasteland-stanzas (haettu 7.2.2020).

24 Donna Haraway, *Staying with the Trouble: Making Kin in the Chthulucene* (Durham, NC: Duke University Press, 2016).

25 Karen Barad, *Meeting the Universe Halfway: Quantum Physics and the Entanglement of Matter and Meaning* (Durham, NC: Duke University Press), 152–153, 178, 214, 235.

26 Jessica Hemmings, '*Material Color*'. http://www.norwegiancrafts.no/articles/material-color, julkaistu 25.1.2018.

27 Viittaan tällä erityisesti länsimaistuneissa maailmanosissa vallitseviin käytäntöihin suhteessa maanomistukseen – sekä länsimaisten valtioiden (tai nk. globaaliin pohjoiseen lukeutuvien valtioiden) eri tavoin kolonisoimiin alueisiin.

28 Hemmings, '*Material Color*'.

29 Ote taiteilija Alma Heikkilän tekstistä vuodelta 2015, www.almaheikkila.net/things-that-are-massively-distribut (haettu 9.2.2020).

30 Symbioottisten keskinäisriippuvuuksien ajattelu, nk. symbio(n)tiikka, viittaa tässä maailmanhahmotuksen tapaan, jossa monilajinen yhteistyö nähdään pääasiallisena elämää ja evoluutiota järjestävänä periaatteena. Tällaista ajattelua ovat hahmotelleet esimerkiksi Margulis teoksessa *Symbiotic Planet*. Taidehistorioitsija Caroline A. Jones on myös symbio(n)tiikan puolestapuhuja: The Center for Energy and Environmental Research in the Human Sciences (CENHS) Cultures of Energy -podcast. Jakso 148. Caroline A. Jones. 18.10.2018. http://culturesofenergy.com/148-caroline-a-jones/ (haettu 9.2.2020).

31 Truth N, Galleria AMA Helsinki, 2013.

32 Karen Barad, 'On Touching – The Inhuman That Therefore I Am', *Differences* 23, no. 3. (2012): 207.

33 Ursula K. Le Guin, *Late in the Day: Poems 2010–2014* (San Francisco: PM Press, 2016), vii.

Writing with Earth
Jenni Nurmenniemi

> I have always regarded feet as the most intimate and personal part of our bodies, and not the genitals, not the heart, or even the brain, organs of no great significance that are too highly valued. It is in the feet that all knowledge of (hu)mankind lies hidden; the body sends them a weighty sense of who we really are and how we relate to the earth. It is in the touch of the earth, at its point of contact with the body that the whole mystery is located – the fact that we're built of elements of matter, while also being alien to it, separated from it. The feet – those are our plugs into the socket (...)
>
> — Olga Tokarczuk[1]

Soil, humus, mud, clay, minerals, sand, sediments, rocks, gravel, boulders, mountains, crystals. I write with and through the earth, as an earth being – as an earthling. The element of my choice relates to *groundedness*, to cycles and circulation, belonging, and memory – but its transformations can also evoke points of rupture, eruptions, quakes and rifts. It is impossible to write about one element without also considering the others – but at this time, my thinking is most firmly rooted in the earth.

Earth also acts as the connecting element between the artists whose practices vibrate through the following pages: Candice Lin, Dineo Seshee Bopape, Ivana Králiková, Charlotta Östlund, Alma Heikkilä, Hildur Bjarnadóttir, Riitta Ikonen and Karoline Hjorth. Their works fuel my text and connect its theoretical tangles to particular processes of becoming.

ECOLOGY – THE KEY TO CONNECTEDNESS

This text touches upon the possibilities of an emerging ecological worldview fit for the tumultuous start of the 21st century. The increasing awareness of ecological breakdown motivates a transition towards cultures that do not rely on fossil fuel, and a reconsideration of our relation to our environment. Art and other creative practices can significantly influence these processes by shifting perceptions, fuelling imagination and opening pathways to *knowing otherwise*.

One of the main arguments of this text is that ecology (in the framework of creative practices) should be considered a tool for learning about invisible connections, systems, forces and processes beyond one's sensorial capacities and personal experience. Another key argument is that adjusting one's senses is also part of this learning, as is the development of new terminology emphasising connectedness instead of dualist divides.

Ecology signifies something in constant flux, an action or an operating system, instead of a fixed thing.[2] Ecology is a conceptual key to learning about entanglements of apparently disconnected phenomena. It also alludes to practices that are based upon interdependence instead of individualism. Ecology helps with noticing how all social processes, politics, technologies, economies and ecosystems are being co-constituted, how they are co-evolving.[3]

During the passing era of fossil-fuelled modernity,[4] the interconnectedness of these processes has not been apparent. It is impossible for an individual to fully comprehend their co-dependencies. One could even argue that fossil-fuelled industrialised societies have been rendered possible only due to a certain opaqueness and experiential alienation from their underlying structures and their energetic and material bases.

The past 150 years or so of fossil modernity have been about *not noticing* the life-supporting connections that make up the ecosphere. Humans are already entangled in these systems, we just cannot see the filaments tethering us to them. How then to start paying attention, noticing? These questions should not be mistaken as romanticising the idea of interconnectedness (as symbiotic relations are not always harmonious). Instead, these are very acute questions regarding the liveability of the Earth. On another scale, these are questions about the resilience and relevance of art and other creative practices.

The Secrets of Symbiotics

An intriguing approach to the study of co-dependencies is symbiotic thinking. It takes many forms and has several influential advocates, but the key idea is the acknowledgment of complex co-dependencies and cooperation as the primary evolutionary and life-organising principle, instead of competition. This is not a novel perspective, on the contrary. However, in the Western paradigms of being and knowing, this is a ground-breaking way to perceive the world. Feminist theorist Donna Haraway has articulated a symbiotic take on life with the concept of *sympoiesis:* 'Sympoiesis is a simple word; it means making-with. Nothing makes itself; nothing is really auto-poetic or self-organizing (...) Sympoiesis is a word proper to complex, dynamic, responsive, situated, historical systems. It is a word for worlding.'[5]

Haraway is also the thinker to show me the way to the biologist Lynn Margulis's thinking. Margulis is known for her symbiotic theory of evolution (the endosymbiotic theory) as well as the famous Gaia-hypothesis, developed in the 1970s, in collaboration with chemist James Lovelock. According to Margulis, evolution and life on Earth are based on ever-evolving modes of cooperation. Together with Lovelock, she presented the widely-debated proposition that all organic and non-organic beings on Earth form a complex and synergistic system, which, through cooperation, maintains the conditions for life on this planet.

The hypothesis did not manage to convince the scientific community, but lately it has resurfaced and undergone some surprising critical revisions. The philosopher Isabelle Stengers, for instance, has given some critical thought to how the idea might be useful in thinking about the turbulent world politics of the early 21st century.[6]

Even without attempts to adopt a planetary perspective, the symbiotic approach to life can be a key to noticing connections and forms of multi-species cooperation and solidarity. Consider the American journalist Gabriel Popkin's words about the *wood wide web*: 'Trees, from the mighty redwoods to slender dogwoods, would be nothing without their microbial sidekicks. Millions of species of fungi and bacteria swap nutrients between soil and the roots of trees, forming a vast, interconnected web of organisms throughout the woods.'[7]

From a symbiotic perspective, the world cannot be divided into clear categories, and beings do not have clear-cut borders. Being human also starts to seem more porous and eclectic. In the words of Lynn Margulis:

> No matter how much our own species preoccupies us, life is a far wider system. Life is an incredibly complex interdependence of matter and energy among millions of species beyond and within our own skin. These Earth aliens are our relatives, our ancestors, and part of us. They cycle our matter and bring us water and food. Without 'the other' we do not survive.[8]

The symbiotic perspective on life is a key to dissolving persistent forms of divisive, binary thinking and the practices of boundary-making and political mechanisms of *othering* that ensue. There are many kinds of interdependencies, ranging from mutualist to parasitic. The symbiotic perspective allows us to notice what kinds of agencies are at play within any given relationship.

Ways of Knowing Otherwise

Alongside symbiotic thinking, I am experimenting with the theoretical physicist and feminist theorist Karen Barad's theory of *agential realism*.[9] Thinking with Barad, it becomes possible to have ethico-onto-epistemological breakthroughs.[10] Barad has situated her theorising at the junction between eco-critique and queer theory. By exploring the fundamental queerness of quantum phenomena, her thinking challenges the dualisms upon which the Western tradition of thought has largely been constructed.[11] Barad's critical look into the history of quantum field theory contributes to the questioning of the dualist boundary-making system that reproduces and helps maintain the hierarchical relations between categories such as nature/culture, subject/object, man/woman, black/white.[12] If one is willing and capable to let go of these deeply ingrained categorisations, art begins to seem different, to work differently. The borders and hierarchies between different modes of knowing, between disciplines, between fine art and crafts, are also bound to be redefined in the process.[13]

To build their argument, Barad looks to subatomic phenomena. Looking into theoretical physics and quantum phenomena, they open worlds of potentiality and possibilities. Continuums and entanglements begin to emerge where previously there seemed to be clear-cut boundaries and oppositional divides. Suddenly, a more complex world of subtle differences opens up. Barad's thinking turns away from ideas such as representation and reflection and instead embraces concepts such as intra-action, diffraction and performativity. These ideas also change how art can be analysed and experienced. For example, notions of authorship and what constitutes an artwork become more porous than before.

Following a feminist new materialist way of thinking, all phenomena and all forms of thinking are always enabled by entangled and lively material processes. The philosophical reconsidering of matter – discussions on how matter actually comes to matter, through looking carefully into a myriad of material agencies – can have earth-shattering ramifications for the ways we can perceive phenomena and our ways of being in the world. Following the political theorist Jane Bennett's line of thinking, agency emerges from human and more-than-human configurations that co-constitute complex *webs of forces* instead of unilinear causal relations.[14] At this present moment, with the COVID-19 virus pandemic and the panic that is causing the stock markets to plummet, the agency of the virus seems evident.[15] By following the life cycles and circulations of various materialities, it is possible to notice how agency is dispersed instead of belonging solely to 'humans'.

THE ACTIVE EARTH

> The most stable of the classical elements was earth. The most stable unit in the children's category game was mineral. But with age came the understanding that the stability is an illusion, and that categories are porous. The summit of Mount Everest is marine limestone, as John McPhee memorably put it. Only a prejudice could make us think the earth beneath our feet was not alive.
>
> — Teju Cole[16]

Earth Dislocated, Memories Uprooted

I enter an exhibition hall with brown walls, nearly filled by a massive cube of dark brown soil. Dineo Seshee Bopape's installation *'Kgoro, we can't afford not to mourn (tell me, can you dispossess a void?)'* (2019) takes me by surprise.[17] In addition to the soil cube, there are only a few little wooden stools in the narrow 'empty' space surrounding the cube. In a way, this void becomes even more pronounced than the block of earth, but as soon as I sit down on one of the stools, my perception shifts, and the presence of the cube takes over again.

On the audio guide to the exhibition, Bopape says that the brown of the walls matches her skin tone. Upon learning this, the way I experience the work changes.

The minimalist and Earth art connotations dissolve in an instant: I suddenly become wrapped inside this entanglement of earth, skin and soil. I am intruding like a virus in their enfolding into each other.

Soil has already been a central component in Bopape's work for some time. With this new work, the earth has allowed her to think about questions of inhabiting, belonging, ownership, occupation, dislocation and diaspora. Sometimes, when Bopape uses a particular type of earth, her works are more explicitly connected to a specific location and its stories, but this time the abstraction – an earth cube detached from its context – seems to emphasise alienation and the difficulties in situating oneself within an extractivist culture that has been built upon the forced dislocation of some, and upon the occupation of others. The sediments of these shattered, disrupted and uprooted histories are what the title of the work alludes to. Earth here does not represent memory, but *is* memory, a living archive or a record, a home to ceaseless cycles of life: plant, mineral, animal and categories yet to be imagined.

Earthly Desires

I hear something dripping onto the clump of raw porcelain. On the floor, a stain is forming. The tap in Candice Lin's installation *The Slow Erosion of a Hard White Body (Chinese Water Torture)* (2018),[18] has only been open for fifteen minutes, but the liquid has already drilled a hole into the (still slightly moist) porcelain. Slowly transformed by water, it is sitting in the centre of a leaky system that resembles a water torture device. Lin's mixed media installations make palpable the mechanisms of othering through which the Western orientalist gaze has shaped stereotypical representations of Chinese culture and peoples. Her complex work probes into historical processes of colonisation and systemic violence that continue to shape cultural relations and representations.

With her very specific material choices, Lin shows how Western desires for certain plants, raw materials, objects, techniques and pigments have shaped the geopolitical map and the power dynamics of the world. In the *Hard White Body* series, the main protagonist is a piece of porcelain, exposed to a slow and painful-looking transformation. Lin refers to how the carefully guarded secret of porcelain making was stolen from China by Westerners, and about porcelain, historically, as 'a Chinese object of Western desire'.[19]

The pale clump of porcelain also alludes to white skin and the concept of (cultural) *whiteness*, with its violently claimed power over racialised and dehumanised 'others'. But, as Lin suggests, in 18th century Europe, porcelain was fetishised for its 'purity' and 'whiteness' – qualities that have long characterised the bodies of East Asian women as well.[20] Through looking into the histories of colonisation and imperialism, Lin touches the very core of extractivist cultures in which the desires of the few are satisfied by the countless (animal, vegetal, mineral) others that are treated as resources.

Lin's art favours complexity over coherence. It calls out differences instead of reinforcing representations. In Baradian terms, it plays with diffraction instead of reflection. There are no clear-cut surfaces to reflect, everything is fragmented and messy. In order discuss it, one has to turn away from the popular Anthropocene discourse that highlights human influence on the world's condition but in its universalism fails to acknowledge the crucial differences and historical processes shaping the present. I'd rather approach Lin's work with Bennet's ideas of dispersed and web-like, more-than-human agencies in mind. *The Slow Erosion of a Hard White Body* is a system of entangled desires and violence in which history is actively present and shaping the now. In addition to its multi-layered narratives of human subjugation, it also draws attention to the roles of various materials in these processes: opium poppy seeds, tobacco and sugar – prominent to Lin's work – have all shaken up social and political order in their own way.

If we consider matter and meaning as inseparable in a Baradian way, Lin ferments, brews, erodes, and dissolves meanings in ways that inhibit any straightforward assumptions on subject-object relations: everything circulates in the leaking systems she builds. Ingredients are mixing with each other, evaporating, and staining their surroundings. Change is not only possible, it is a crucial element in Lin's work.

Earth Energy

Ivana Králíková, like Lin, shows an interest in breaking too clear-cut categorisations. Králíková has an experimental approach to ceramics. She has, for instance, developed hybrid practices such as *Clay Dj:ing* (2012–2014), in which the activities of a record-playing dj and a ceramicist are unexpectedly combined. In a live performance, the dj's turntable also serves as a potter's wheel. The artist uses its rotating movement to help her shape small ceramic vessels-sculptures, while her hand movements, their speed and pressure, influence the music being played. In this performance, the boundaries between these two art forms are obscured.

In recent years, Králíková has been working with earth materials a bit differently. She is interested in urban land use and the circulation of land and earth materials in cities. For her ongoing research project *Gräv där du står* ('*Dig where you stand*', 2017–), she gathers samples of various earth materials from Stockholm and its suburbs. Working also with kaolin from the Czech Republic and red earthenware from Denmark, Králíková has prepared a set of different batteries by combining the earth materials with zinc sheets and copper wire that she uses as electrodes. Králíková is interested in the different conductive qualities of these materials. With all the batteries combined, she has also managed to produce energy. I am not sure, however, if there was enough to power her performance, as was her plan. Her work for the exhibition *Earth, Wind, Fire, Water* at Galleri F 15 is based on the conductivity of earth materials excavated from the area. Going 'off-the grid', producing and harnessing one's own energy, is increasingly popular, but contemporary art has not yet become fuelled by new energy solutions. Králíková's earth batteries are poetic micro-experiments in art producing its own energy with the earth's conductivity.

In fossil-fuelled extractivist cultures, energy is perceived as a calculable resource. People often do not have to think about it at all, since the availability of fossil-based energy has been taken as a given. The researcher Antti Salminen, one of the key Nordic theorists of post-fossil thinking, writes that energy is mostly understood today as 'capacity to do work'. He has argued that ending the world's dependency on fossil fuels would not only result in different energy systems; it would also bring about a profound cultural shift, with new meanings and values associated with energy, productivity – and art.[21]

Earthly Metamorphoses

Just as in Králíková's case, the works of Charlotta Östlund require her to get out of her studio, become attuned to her environment and to notice invisible connections there. Östlund finds most of the materials for her works during her walks. Moving on foot sets a pace that allows her to notice and be moved by different expressive material agencies in her surroundings – and to become more responsive to them.

The last time I spent time with Östlund's works was at Kiasma Museum in Helsinki, in the exhibition *Coexistence*.[22] I was enchanted by the colourful subcutaneous tissue made out of flower petals, peeking out from underneath a tearing tree bark (*Nahanluonti/Moulting,* 2017), or by an upside-down bouquet that had pebbles there where one would expect flower buds (*Kimppu/Bouquet,* 2016). My first encounter with these works – light as air, carefully constructed with dried plant parts, minerals and other components – was in Östlund's solo exhibition *Wasteland Stanzas* at MUU Galleria, Helsinki in 2017.[23] The extremely fragile pieces were exhibited in natural light, without anything to protect them. This made me acutely aware of my movements in the space, I even became more conscious of my breathing – fearing that an exhale too strong might blow the sculptures apart. Yet I couldn't resist the urge to see every little detail up close.

With seemingly little material, Östlund creates elaborate chimeras, or hybrids, that defy taxonomic classifications. In Östlund's art, plant, mineral and animal are not separate categories but part of each other. The hybrids embody various temporalities as well (think about the life of a flower in contrast to a stone). They bring to mind the 'Camille Stories' fabulated by Haraway in her book *Staying with the Trouble* (2016), which are about joining humans with animal symbiont partners for multi-species earthly survival.[24] However, Östlund's works seem almost to celebrate their ephemerality. The combining of decaying materials with the relative solidity of minerals reinforces this impression.

Becoming-Earth

The shared practice of Riitta Ikonen and Karoline Hjorth also requires attuning to one's environment – and getting down to earth quite literally. For their photographic project, *Eyes as Big as Plates,* ongoing since 2011, the two artists have travelled the world, photographing people of advanced age in very different places. The seniors are wearing imaginative sculptures made out of plants, mud, seashells and other materials – depending on what has been available at each location. Initially, these 'outfits' were inspired by Norwegian folklore, but they have since evolved to express the mental landscapes of their bearers. The wearable sculptures have two effects:

they camouflage their bearers while also rendering their unique personhood more visible. Through a shared exploration of mythologies and materials, the artists and their models are building their own aesthetic language – creating their own worlds. With a little leap of imagination, the photographs could be considered as documentation of a kind of plant-human cooperation or stories of symbiotic joining (although the vegetal partners' participation can hardly be considered consensual!).

The terrain from where each photo emerges also has an immensely strong agency in shaping the process. The artists have avoided the pitfall of framing the gorgeous sites as mere landscapes – they are portrayed more like layered situations teeming with potential for playful engagement. Looking at the photographs, I think about Barad's notion of 'intra-action': differing from the idea of interaction, here things do not exist in advance of their relations to each other. Instead, they emerge through and as part of their entangled intra-relating. There are no separate beings with clearly constituted boundaries, and the subject-object divide becomes effectively obsolete. There are only unfoldings of *spacetimemattering* that disregard the linear notion of time.[25] The photographs in the ever-growing series emerge out of intra-actions in which the environments and the people (or better yet, the multispecies assemblages, *holobionts*) respond to each other.

There is often discussion around the logic of the photographic medium being inherently violent, portraiture especially so. I don't know Ikonen and Hjorth's working methods, but the whole series seems to radiate a warm and gentle humour that somehow seems to erase these concerns. Although *Eyes as Big as Plates* features people who otherwise might not be very visible in society or within the contemporary circulation of images, in this case photography is not about reproducing representations of them, but about highlighting the incredible presence and potential for playfulness and transformation within each person. In this case photography is a tool for connecting. What connects all these unique, mythical *worldings* is the logic of entanglement: everything seems to be part of a dynamically shifting whole: the skin, mud and lichen are merging. This dissolving of boundaries feels somehow soothing and consoling: it is portrayed as an active process of becoming-earth instead of an ending to an individual existence.

Belonging to Earth

An attentiveness to symbiotic processes of be(com)ing guides the artistic practice of Hildur Bjarnadóttir. Her textile paintings explore the question of how a colour can be considered a material. I focus on her pieced silk compositions that she dyes with hyper-locally sourced plant pigments and acrylic paint – for the sake of introducing some 'deliberate complication' to the idea of the natural as only something pure or original.[26]

The use of silk in these works challenges the idea of the human artist's perfect control over her material: it moves, pulls, breathes, folds and crumples. The fineness of the thread, spun by mulberry silkworms, makes it responsive to even the slightest changes in the environment. Bjarnadóttir wilfully exposes her work to change: she has the possibility to open the carefully sown seams that keep her composition together and to rearrange the pieces of silk into new configurations. These materialities and modularities allow Bjarnadóttir's works to undergo transformation. They are many things at once, textile works and compositions, and this is why they call my attention.

Bjarnadóttir inhabits a small plot of land in Þúfugarðar, Southern Iceland; her art stems from there and develops in response to it. Through forming a close and long-term relationship with this place, she has pondered over the possibilities of belonging somewhere. Out of all the artistic approaches featured in this text, Bjarnadóttir's is perhaps most consciously connected to a certain area and the symbiotic relations that form its ecosystem.

It is useful to know that Bjarnadóttir has acquired the ownership of her land. This is relevant, since for several hundreds of years, ownership defined in financial and juridical terms has been a prerequisite for safeguarding one's continued connection to land.[27] This has been a challenge, especially for indigenous, colonised, enslaved and racialised people – as well as for women in general. All of a sudden, I cannot help but return to Dineo Seshee Bopape's work and its mourning of the dislocations set forth and maintained by imperialist, settler-colonialist and patriarchal desires. This is a moment of diffraction: seeing Bjarnadóttir's belonging to her small plot of land in Iceland through Bopape's concerns about forced *uprootedness*. Bjarnadóttir is not ignorant to these questions, but the focus of her work is in researching what *can happen* if one manages to re-root oneself and become attuned to a certain place for a long period of time.

This work is centred around colour: by developing pigments with the plants growing on her land, colour becomes her main material.[28] Bjarnadóttir prepares her pigments by carefully following the seasonal changes affecting her environment. Plants are considered here as active – responding to and affecting their environment. They are active like the Earth that bears them, they store information from their surroundings and, in turning into pigments, release it. The process of photosynthesis is an incredibly advanced nature-based energy technology, in which light-capturing or reflecting pigments play an important part. Only the persistent human prejudices towards plant-intelligence inhibit us from noticing how plants and other more-than human agencies are enabling our existence, rendering us capable.

Symbiotic Earth

> Making is always collaboration, being is always togetherness. Living in an illusion of autonomy, we fail to perceive the non-human elements that support our existence.
>
> — Alma Heikkilä[29]

Symbiontics,[30] multi-species co-dependencies, different life cycles and circulations are rhizomatically present throughout Alma Heikkilä's art. My first encounter with her art was when I saw her solo exhibition *Truth N* in 2013.[31] It left a strong imprint on my memory because it destabilised my habitual viewing mode – with paintings in all sizes hung in the space in unexpected ways. They offered fragmented views of phenomena as varied as details of monetary instruments, computer screens stained with sticky fingerprints and close-up views of human skin and hair. The seemingly incommensurate fragments formed diffractive ecologies of association that did not allow observation from any single vantage point. Computer screens, pores, sebum and the fiscal system were somehow now intra-acting in my mind, and I was no longer able to un-see the threads between.

Ever since then, I have been following Heikkilä's practice with great curiosity. Still, I am intrigued and challenged by the way she connects the microbial with the cosmic, yet always actively refuses to give viewers the illusion of 'the whole picture'. With paint and brushes, she reconfigures the technologically aided images (of microbes, the sun's surface, human bowels...). Through an intense macro focus on fragments, which she then combines, she renders visible the invisible filaments that link everything together to show the symbiotic relations that make up the world. Prevalent are also Euro notes, credit cards, infographics on climate research data, petroleum oil and astrophysical phenomena of cosmic proportions. In many of her exhibitions, there are also tiny tree mushroom-looking elements dispersed across the space, as if their fungal roots were growing inside the building structures or on Heikkilä's larger sculptural elements, making hundreds of conks protrude out of their surfaces. It is as if everything is infected by them, but somehow that is how it should be. There is probably nothing humans can do anyway, should mushrooms decide to take over.

Heikkilä is also interested in the energetic and material basis enabling her artistic practice and exhibitions. And in the titles of her artworks, there may be references to the industrial origins of pigments or to the logistic procedures necessary to exhibit the works. To bring about concrete and positive ecosystemic changes, Heikkilä thinks beyond the scope of her personal practice. She has, for instance, co-founded an ecologically sustainable art residency in Hyrynsalmi, Finland, and made a substantial donation for the preservation of Finnish Boreal (old growth) forests. Through her art, Heikkilä influences the ways people can become attuned to the life-supporting or destructing entanglements that they themselves play a part in. Her paintings on microbiota and cosmic dust show how being human is not only human – it is a symbiotic process.

EPILOGUE

This piece of writing is part of my own attempts to become more responsive to the world's 'patternings and murmurings'.[32] The escalating ecological disruption creates an acute need to reconsider concepts fundamental to modernised societies (such as nature, humanity, knowledge, development...). Art and other creative practices are also required to respond to this challenge if they are to adapt to their rapidly changing environments and to maintain their relevance in the immediate future.

The transition to fossil-free cultures is ultimately about relearning sensible ways of living on Earth and relating to its more-than-human inhabitants. It is about massive changes in energy solutions and infrastructures, but it is equally about shifts in imagination and rehearsing our capacities to respond to our lively surroundings.

I have presented some of the theoretical frameworks and concepts that, at least in my experience, can help in 'attuning to the right frequencies' on the road to fossil-free cultures. With the thinking of Karen Barad, Donna Haraway, Jane Bennett and Lynn Margulis propelling me, I have tried to move from the humanities to 'humusities' – from the human-centric worldview towards symbiotic thinking and multi-species solidarity.

Learning to perceive exactly how human lives are part of, and depend on, the more-than-human world, is the foundation upon which the ecological reconstruction of societies ought to be based. In the words of the author Ursula K. Le Guin: 'To use the world well, to be able to stop wasting it and our time in it, we need to relearn our being in it.'[33]

Endnotes

1 Olga Tokarczuk, *Drive Your Plow Over the Bones of the Dead* (London: Fitzcarraldo Editions, 2019), 19–20.
2 Jussi Parikka, 'Cartographies of Environmental Art', *The Midden,* eds Jenni Nurmenniemi and Tracey Warr (Helsinki: Garret Publications, 2018), 82–113.
3 Karen Barad, 'Nature's Queer Performativity', (authorized version). *Kvinder, Køn & Forskning*, vol. 1–2 (2012), 32.
4 Later in the text I will use the term *fossil modernity* to refer to the significance of fossil-based fuels for the development of what have come to be called as *modern societies*.
5 Donna Haraway, 'Symbiogenesis, Sympoiesis, and Art Science Activisms for Staying with the Trouble', in *Arts of Living on a Damaged Planet*, eds. Nils Bubandt, Elaine Gan, Heather Swanson and Anna Tsing (Minneapolis: University of Minnesota Press, 2017), *Monsters*, 25. 'Sympoiesis' is a concept originally coined by Beth Dempster.
6 Isabelle Stengers, *In Catastrophic Times: Resisting the Coming Barbarism* (London: Open Humanities Press in collaboration with Meson Press). https://meson.press/wp-content/uploads/2015/11/978-1-78542-010-8_In-Catastrophic-Times_Stengers.pdf
7 Gabriel Popkin, '"Wood wide web" – the underground network of microbes that connects trees – mapped for first time'. https://www.sciencemag.org/news/2019/05/wood-wide-web-underground-network-microbes-connects-trees-mapped-first-time (accessed 4 March 2020).
8 Lynn Margulis, *Symbiotic Planet: A New Look at Evolution* (New York: Basic Books,1998), 111.
9 'Agential realism is a posthumanist performative ethics that uses the insights of quantum theory to reconceptualize our understandings of subjectivity, agency, causality, and—ultimately—the being of the universe itself.' https://www.depauw.edu/sfs/review_essays/vint105.html (accessed 13 March 2020).
10 Coined by Barad, the compound adjective *ethico-onto-epistemological* points to the inseparability of ethics, ontology and epistemology. https://newmaterialism.eu/almanac/e/ethico-onto-epistem-ology.html (accessed 13 March 2020). Joining ordinarily separate concepts together to create longer word continuums is an important part of Barad's materialdiscursive practice (*naturecultures, spacetimemattering*, etc.).
11 This is especially the case since the Enlightenment, when Renée Descartes established Cartesian thought (the foundation of modern Western dualism, which separates the thinking mind from the body and its environment, and the self from others).
12 Barad, *Nature's Queer Performativity,* 32.
13 The publication series Documents on Contemporary Crafts features a great article by the curator and writer Knut Astrup Bull on the ramifications of dualist thinking for contemporary crafts. Drawing on non-dualist new materialist thinking, Bull shares possible ways to deconstruct the divides that have begun to look arbitrary and outdated. See Knut Astrup Bull, 'You In Between: From Aesthetic Difference to Aesthetic Differing', in *Material Perceptions*, Documents on Contemporary Crafts, no. 5, eds Knut Astrup Bull and André Gali, 29–46 (Oslo and Stuttgart: Norwegian Crafts and arnoldsche Art Publishers, 2018).
14 Jane Bennett, *Vibrant Matter: A Political Ecology of Things* (Durham, NC: Duke University Press, 2010).
15 COVID-19 is an acronym for the infectious disease caused by the recently discovered Coronavirus.
16 Teju Cole, an excerpt from the essay 'Eight Turns', in *Otobong Nkanga: To Dig a Hole that Collapses Again* (New York: Prestel Publishing, in partnership with the Museum of Contemporary Art Chicago and DelMonico Books, 2018), 35.
17 The group exhibition *Soft Power*, San Francisco Museum of Modern Art 26 October 2019–17 February 2020, curator: Eungie Joo.
18 Fiskars Village Art & Design Biennale, The Contemporary Art Section: *Kanssaelo / Beings with,* 17 May–15 September 2019. https://fiskarsvillagebiennale.com/#art (accessed 4 March 2020).
19 See also Lotte Arndt and Yesomi Umolu, *Candice Lin – A Hard White Body* (Chicago: Reva and David Logan Center for the Arts. Distribution: University of Chicago Press, 2019).
20 Danielle Wu, 'Do Androids Dream of Whiteness? Yellowbotics and the Yellow Cyborg'. https://unbag.net/reverie/do-androids-dream-of-whiteness
21 Antti Salminen, 'On the Meaning of Experimental Art in the Eye of the Anergy Storm', *The Midden*, eds Jenni Nurmenniemi and Tracey Warr (Helsinki: Garret Publications, 2018), 22–49.
22 *Coexistence – Human, Animal, and Nature in Kiasma's Collections.* 26 April 2019–1 March 2020.

23 MUU Galleria 24 February–2 April 2017. www.charlottaostlund.com/works/wasteland-stanzas

24 Donna Haraway, *Staying with the Trouble: Making Kin in the Chthulucene* (Durham, NC: Duke University Press, 2016).

25 Karen Barad, *Meeting the Universe Halfway: Quantum Physics and the Entanglement of Matter and Meaning* (Durham, NC: Duke University Press), 152–153, 178, 214, 235.

26 Jessica Hemmings, 'Material Color'. http://www.norwegiancrafts.no/articles/material-color, published 25 January 2018

27 I am referring here especially the Westernised parts of the world, including the areas colonised by the West (or the so-called Global North.)

28 Hemmings, 'Material Color'.

29 An excerpt from artist Alma Heikkilä's writing: www.almaheikkila.net/things-that-are-massively-distribut

30 Symbiontics refers to a worldview inspired by the biologist Lynn Margulis, in which multi-species cooperation is seen as the primary organising principle of life and the driving force of evolution. See Margulis, *Symbiotic Planet*; and the art historian Caroline A. Jones on symbiontics: The Center for Energy and Environmental Research in the Human Sciences (CENHS) Cultures of Energy -podcast. Episode 148. Caroline A. Jones. 18 October 2018. http://culturesofenergy.com/148-caroline-a-jones/

31 Truth N, Galleria AMA, Helsinki, 2013.

32 Karen Barad, 'On Touching – The Inhuman That Therefore I Am', *Differences* 23 no. 3 (2012): 207.

33 Ursula K. Le Guin, *Late in the Day: Poems 2010–2014* (San Francisco: PM Press, 2016), vii.

Acknowledgments

While organising and preparing the exhibition and publication *Earth, Wind, Fire, Water*, many people and organisations have put their precious time and wide-ranging talents at our disposal. We want to sincerely thank our writers Camilla Groth, Jenni Nurmenniemi, Nicolas Cheng, Nina Wöhlk, Ánne Márjá Guttorm Graven, Jessica Hemmings and Æsa Sigurjónsdóttir for their generous and substantial essays. A huge thank you goes to our precise and knowledgeable translators and proofreaders: Arlyne Moi, Chloe Lewis, Jenny Leonardz, Christel Pedersen and Egill Arnarson.

We would also like to thank all the artists participating in the exhibition *Earth, Wind, Fire, Water*: Hildur Bjarnadóttir, Ebba Bohlin, Fellesskapsprosjektet å Fortette Byen, Alma Heikkilä, Karoline Hjorth and Riitta Ikonen, Guðjón Ketilsson, Kasper Kjeldgaard, Stian Korntved Ruud, Ivana Králíková, Valentin Manz, Britta Marakatt-Labba, Pekka Paikkari, Louise Sidelmann, Brynjar Sigurðarson and Veronika Sedlmair, Ida Wieth, Hedvig Winge, and Charlotta Östlund. Your practices and deep material knowledge have been an inexhaustible source of inspiration for us and for the writers in their work on this publication.

Much gratitude is owed to the Nordic Network of Crafts Associations (NNCA) – in particular Hege Henriksen (Norwegian Crafts), Miisa Pulkkinen (Ornamo), Sunneva Hafsteinsdóttir (Handverk og Hönnun), Helle Severinsen (Danske Kunsthåndværkere & Designere) and Maj Sandell (Konsthantverkscentrum) – for aiding the curatorial research and for following the project so closely and enthusiastically.

In preparing the exhibition, Randi travelled to all the Nordic countries to do research. Her travels were generously supported by several institutions and foundations. Thank you to Frame Contemporary Art Finland, the Danish Arts Foundation, Bergen Municipality and Arts Council Norway. Ivana Králíková's and Ebba Bohlin's projects in the exhibition received support from Konstnärsnämnden – the Swedish Arts Grants Committee. Louise Sidelmann's and Ida Wieth's projects were generously supported by the Danish Arts Foundation.

We are grateful for the brilliant team at Galleri F 15, especially Maria Havstam, Dag Aak Sveinar, Eivind Karlsen, Siri Ensrud, Simen Østad, Guro Dyvesveen, Anja Bjørshol, Espen Setterli and Truls Solerød Johnsen. Thank you to St. Hans Kommunikasjon and Johanne Nordby Wernø. Thank you to Petri Henriksson and Sandra Stokka, our eminent graphic designers at Blank Blank, and to Arnoldsche Art Publishers. Lastly, we thank our main supporters, the Nordic Culture Fund and Nordic Culture Point.

Randi Grov Berger and Tonje Kjellevold
Editors

Notes on Paper (Designer's Note)

> Paper is a tenacious substance that may be cut or torn; so that it imitates and almost rivals the skin or membrane of an animal, the leaf of a vegetable, and the like pieces of nature's workmanship. For it is neither brittle like glass, nor woven as cloth; but is in fibers, not distinct threads, just like natural materials; so that among artificial materials you will hardly find anything similar; but it is altogether singular.
>
> Francis Bacon, *Novum Organun Scientiarum*, Book II (Aphorism 31), 1620

When thinking about paper, we rarely think of how it parallels a living being. We have come to know paper as a functional and standardised support material for content, or as sheets in a book, while its organic materiality remains mostly overlooked. However, if we think of a book as a body with a spine, back, front, legs and arms, then paper must be its flesh, holding the body as a whole together and determining its life cycle.

The notion of paper as a living material is the starting point for an expanded perception of the life cycle of a book. Paper is made of fibre derived from plants and soil, and it has the potential to decompose back into soil. A book can only exist for a limited time. Just as the human body, it has its own natural aging process.

Highlighting this process has been a priority throughout the design of this book. The open spine binding exposes the structure of the book, with its collated sections sewn together with a piece of thread. The decision on what kind of paper to use was made after researching the origin of its raw materials, including the types of wood used, and the region where the wood was harvested.

The book block consists of paper fabricated by mechanical pulping. This process results in a paper with a tactile surface. In a similar manner, the cover is made of grey board containing various recycled materials, ground together and sold as bulk material. Grey board is often used as a protective wrapping material for 'premium' paper. Both the paper and the grey board are sensitive to light; their visible aging process includes yellowing and loss of strength over time.

We selected these materials in order to highlight the book as an object in itself, rather than as a mere platform for written content. A book's potential as a medium resides in how we manipulate, perceive and preserve its materials.

The method of making paper is based on a simple recipe invented two thousand years ago in China (usually attributed to Cai Lun, 105 CE, Han Dynasty). It is an organic process with a rhythm of its own. Paper is made from a mixture of fibre and water, and the paper is the result of an attraction between molecules – a phenomenon called hydrogen bonding. Even though wood fibre is the most common raw material in papermaking, almost any other materials containing fibre, for example cotton, jute, sugarcane, fibrous crops, recycled paper or even seaweed, can be used. The various pulping methods also come with their own conditions: mechanical pulping, widely used for products with a relatively short life span such as newspapers, paperback novels, or toilet paper, is traditionally seen as a poor alternative compared with chemical pulping, which is used to make 'premium' papers. Nevertheless, the paper types resulting from both pulping methods are made of organic materials that are sensitive to light and degradable, even though the paper made from chemically processed pulp seems to be more solid and enduring. As expected, the specificities of papermaking – from the type of fibre to the type of pulping – have an inevitable effect on the book as a communicative medium, not only in its aesthetic features but also in how it mediates content.

Books have been important means for documenting and transferring knowledge throughout history, and despite their complex and varied features, they still basically consist of information written on a mesh of fibre. Books reflect our constant effort to preserve facts and events and to transfer them to a medium with a longer life span than our brains. In this sense, this present book also functions as a way of preserving elements of the exhibition *Earth, Wind, Fire, Water* after it has ended. Its life cycle is intrinsically connected to the natural cycles of its materials, which are always in motion. Shifting the focus to materiality means challenging the very notion of the book as a static object.

Petri Henriksson
Graphic designer, Blank Blank

Contributors

Hildur Bjarnadóttir lives in Flóahreppur, South Iceland. On her small plot of land, Þúfugarðar, she investigates belonging, ecology and cohabitation with animals and plants. The plants at Þúfugarðar function as recording devices, in that they absorb information from the ecological and social system they belong to through soil and air. Bjarnadóttir makes this information visible by extracting colour from the plants, using it to dye wool thread and silk fabric and to make woven paintings and large-scale silk installations. Bjarnadóttir graduated from the textile department of the Icelandic College of Arts and Crafts in 1992, then went on to earn an MFA from the Fine Arts Department at Pratt Institute, Brooklyn in 1997 and a PhD in fine arts at Bergen Academy of Art and Design in 2017. She has held several solo exhibitions in Iceland and internationally, including Symbiosis at SOFT Gallery (2019); Cohabitation at Trøndelag Senter for Samtidskunst (2017) and Ecosystem of Colour at Reykjavík Art Museum (2016).

Ebba Bohlin is based in Stockholm. She is a sculptor and installation artist with an MFA from Konstfack University of Arts, Crafts and Design, Stockholm (2008). Bohlin works in various materials and media and is interested in the connection between the physical and the inner world. Regardless of whether her artistic materials stem from language, nature or her own body, Bohlin believes strongly in their transformative power. Bohlin has exhibited at Thiel Gallery, Stockholm (2016), Uppsala Art Museum (2015), and Artipelag, Stockholm (2014), and is represented in the collections of the Museum of Contemporary Art Kiasma, Public Art Agency Sweden, KoRo and Stockholm Art. In the summer of 2020 she will present a land-art project at Kalmar Art Museum. In the autumn of 2020, two new large-scale permanent commissions will be unveiled, the first at Stockholm House of Culture, and the second at Studenternas arena, Uppsala.

Nicolas Cheng is an artist and researcher based in Stockholm, Sweden. He graduated with a BA from the Design Academy Eindhoven in 2006, then became an artist in residence at Fabrica Research Centre in Treviso, Italy. He earned his MFA in 'Jewellery and Corpus' at Konstfack University of Arts, Crafts and Design, Stockholm (2010) and completed his PhD in crafts at the University of Gothenburg (2019). Cheng's artistic practice takes into consideration the 'response-ability' of craft and its role in a complex world; it is informed by the subject of jewellery but not limited to it. As a maker, his attitude is elastic and influenced by his multicultural background and his interdisciplinary approach, which spans interior architecture, design, craft and jewellery. Cheng's work has been exhibited at institutions such as Pinakothek der Moderne (DE), Triennale Design Museum (IT), Design Museum Den Bosch (NL), Design Miami and Basel (US/CH), Asia Society (HK), Cheongju International Craft Biennale (KR), The Dowse Art Museum, Lower Hutt (NZ) and MAD - The Museum of Arts and Design (US).

Christine Cynn is based in Tromsø, Norway and is the creative director of art/media organisation Ice-9. Cynn has been directing experimental documentary films and interactive works for the past 24 years. For the last decade, she has been developing new ways to document the human imagination. Her goal is to illuminate the largely unseen, and often surreal conflicts of desire, fear, and hope that shape our lives and our world. Educated at Harvard, and the recipient of a Fulbright Scholarship to Uganda, she is the co-director and co-producer of the Oscar-nominated documentary 'The Act of Killing' (2012) with Joshua Oppenheimer and an anonymous Indonesian, produced by Signe Byrge Sørensen with executive producers Werner Herzog and Errol Morris. 'The Act of Killing' has won over 40 international awards. Cynn has also directed 'Shooting Ourselves', a surreal look into the intersecting worlds of persons shaped by weapons and warfare while participating in a multiplayer video piece by world-renowned theatre experimentalists Rimini Protokoll. Cynn is currently working on 'hello X', an open-ended laboratory on the future where participants collectively imagine the life of X, an unknown woman in the future.

Fellesskapsprosjektet å Fortette Byen (FFB), meaning *The Collective Project For a Denser Concentration of the City*, is run by a group of architects based in Oslo and Tromsø, Sápmi/Norway. As an idealistic think tank established and directed by Joar Nango, Eystein Talleraas and Håvard Arnhoff in 2010, FFB's intention is to be an independent and non-capitalistic platform for self-education and creative research in the field of architecture. FFB investigates the boundaries between private property and the true nature of citizens' right to occupy and express themselves in the public domain. FFB's method is to work with 1:1 spatial installations and temporary architecture that the members build themselves. FBB has worked with the National Museum of Norway, Oslo Architecture Triennale, the cultural arena SALT, Gildeskål Norway, and Bildmuseet in Umeå.

Camilla Groth is an artist, researcher and teacher with a traditional training in ceramic crafts. She holds a Doctor of Arts (DA) from Aalto University, School of Arts, Design and Architecture, Helsinki (2017). Her work has been exhibited in Tokyo, London, Paris, New York and Helsinki and is bought by the Finnish State Art Commission. Her main research interests lie in haptic experiences and embodied cognition in design and craft practice, with a focus on materiality and material engagement. Groth is currently a post doc researcher at the University of Gothenburg. She also holds an associate professor-2 position in art and craft at the

Department of Visual and Performing Arts Education, University of South-Eastern Norway.

Randi Grov Berger is a freelance curator and co-founder of Entrée, an exhibition space in Bergen, which she has run since 2009. She holds a BFA from Bergen Academy of Art and Design and an MFA in 'Art in the Public Realm' from Konstfack University of Arts, Crafts and Design in Stockholm (2009). In 2012 she completed the curatorial practice programme at Bergen Academy of Art and Design. In 2013 she coordinated the Norwegian pavilion *Without Walls* for the biennial Performa 13 in New York and the following year *Norwegian Focus* at Printed Matter's New York Art Book Fair at MoMA PS1. She has participated in the Independent Fifth Avenue Gallery Residency Program, New York; the UKS Curatorial Residency, Kysten Kultursenter, Tromsø; the Artist in Residency, Berlin (through Bergen Municipality); and the International Studio & Curatorial Program in New York (through the Office for Contemporary Art Norway). Recent curatorial projects include *Exotic Dreams and Poetic Misunderstandings – The Silk Roads,* with the artist Lin Wang for Kunsthall Grenland, Porsgrunn (2019); *The Future Stands Still but We Move in Infinite Space*, a group exhibition for OSL Contemporary, Oslo (2019), and *Extractions* with the artist-duo Blomgren & Skúladóttir for Kunsthall Stavanger (2018).

Ánne Márjá Guttorm Graven is from Kárášjohka but lives in Lodek in Nordland, on the Norwegian side of Sápmi. She is a translator, poet and advocate for the Sámi language. She set up the Sámi-language snapchat account Snaepmie, which received the Sámi Parliament's award Språkløftet in 2019, and has been running the first Sámi-language podcast Sis-Finnmárkku Syndroma since 2015. Guttorm Graven holds a BA in language and literature from the University of Tromsø, with a specialisation in Sámi, and has also participated in Čális fal! – an educational programme for authors established by the Sámi Parliament, the Sámi Writers' Association (Sámi Girječálliid Searvi, SGS) and the Sámi Artist Council (Sámi dáiddaráđđi, SDR). In November 2019 Guttorm Graven published her first book, a collection of poems entitled *Suorbmageažis*.

Alma Heikkilä is based in Helsinki, Finland. She graduated from the Finnish Academy of Fine Arts in 2009. Heikkilä sees herself as working in an age of environmental crises, climate change and mass extinction. Pressured by the immensity of these emergencies, she tries to find new and alternative ways to work, think and act as an artist. She explores objects that are beyond ordinary human perception, such as microscopic bacteria, fungi and other minuscule species. Some of her recent solo exhibitions have been held at the Museum of Contemporary Art Kiasma, Helsinki (2019), Casco Art Institute, Utrecht (2018), Gallery Ama, Helsinki (2017 and 2013), and EMMA – Espoo Museum of Modern Art, Espoo, Finland (2015). She has participated in group exhibitions at Tensta Konsthall in Stockholm (2018), Norrköpings Konstmuseum (2018), and at the Gwangju Biennale, South Korea (2016). Her works are included in numerous public and private collections in Finland. In 2014 she won the Ducat Prize from the Finnish Art Society. Heikkilä is a founding member of the multi-disciplinary Mustarinda collective – a group of artists and researchers whose goal is to promote the ecological rebuilding of society, diversity in culture and nature, and connections between art and science.

Jessica Hemmings writes about textiles. She earned a BFA in textile design from the Rhode Island School of Design, and an MA in comparative literature (Africa/Asia) from the University of London's School of Oriental and African Studies. Her PhD, awarded by the University of Edinburgh in 2006, is published under the title *Yvonne Vera: The Voice of Cloth* (Kalliope Paperbacks, 2008). She has edited the essay collections *In the Loop: Knitting Now* (Black Dog, 2010) and *The Textile Reader* (Berg, 2012) and has written *Warp & Weft* (Bloomsbury, 2012). Her editorial and curatorial project *Cultural Threads* resulted in a book by the same name (Bloomsbury, 2015), which deals with postcolonial thinking and contemporary textile practice. It was published in conjunction with the travelling exhibition *Migrations* (2015–2017). Hemmings is currently a professor of craft and the vice-prefect of research at HDK-Valand, University of Gothenburg. For the period 2020–21 she will serve as the Rita Bolland Fellow at the Centre for Material Culture, Leiden.

Karoline Hjorth is currently based in Son, Norway. She holds a BA in photographic arts and an MA in international journalism from the University of Westminster, London (2009). Hjorth's first book, *Mormormonologene* (Press Publishing, 2011), has been followed up by *Eyes as Big as Plates* (Hjorth & Ikonen, Press Publishing, 2017), *Time is a ship that never casts anchor* (Hjorth & Ikonen, 2018), and *Algorithm Anecdodes* (Press Publishing, 2019). **Riitta Ikonen** is from Finland but lives in New York. She holds an MA in communication, art and design from the Royal College of Art, London (2008). Her work has been in curated solo and group exhibitions at (a selection) the Museum of Contemporary Art Kiasma, Stockholm; Tate Britain, London; NADA – New Art Dealers Alliance in Miami; the London 2012 Olympic Park; and the 2018 Pyeong Chang Olympics. Since 2011, **Hjorth & Ikonen** have collaborated on several art projects, including *Eyes as Big as Plates* (2011, ongoing), *The World in London* (2012), *The Lumber Room* (2013), *Time is a ship that never casts anchor* (2014–18), *People of Dronningens* *gate* (2018–19) and *Finnskogen Understories* (2019, ongoing). Driven by curiosity and imagination, the artists have travelled to 14 countries on a quest to understand people's relationship with their surroundings. This has thus far resulted in over 100 portraits. The series is produced in collaboration with retired farmers, fishermen, zoologists, plumbers, opera singers, housewives, artists, academics and ninety-year-old parachutists. Since 2011 Hjorth and Ikonen have created photographic portraits of seniors in Norway, Finland, France, the USA, the UK, Iceland, the Faroe Islands, Sweden, Japan and Greenland. The series has been exhibited at venues such as the Museum of Contemporary Art Kiasma, Helsinki; the Norwegian National Museum, Oslo; The Chimney NYC; Fotogalleriet and Shoot Gallery, Oslo; Kunsthall Grenland, Porsgrunn; Landskrona Fotofestival, Sweden; NADA Miami; Art Toronto; Nordic House in Reykjavik and the Faroe Islands; Gallery FACTORY and SEOULLO, Seoul; Salamanca Arts Centre in Tasmania; and the National Museum of Greenland in Nuuk.

Guðjón Ketilsson lives and works in Reykjavík. He studied art at the Icelandic College of Art and Crafts (1974–78) and graduated from Nova Scotia College of Art and Design, Halifax (1980). In his over 40-year career, Ketilsson has held more than 30 solo shows and participated in numerous group shows in Iceland and internationally, including in Australia, China, the Nordic countries, Spain and the USA. Ketilsson is mainly occupied with drawing and sculpture. His sculptural works integrate a range of formal, spatial, material and art historical interests. In his recent works he explores language, writing and drawing, not only as cognitive tools but also as direct extensions and testimonials of human thinking processes. Recent exhibition projects include a solo show in Reykjanes Art Museum, Iceland (2019), several group exhibitions in Iceland (2018) and a show at the International Print Center in New York (2017). His works are found in the collections of all the main art museums in Iceland, as well as in art museums abroad. Ketilsson has also produced works in public space in Iceland.

Kasper Kjeldgaard is based in Århus, Denmark. He graduated from the Royal Danish Academy of Fine Arts, School of Design, Copenhagen (2016). He is acknowledged for his extraordinary and poetic design universe, which is already featured in leading design magazines around the world. Driven by a desire to create a composition that makes sense in itself, Kjeldgaard continuously seeks to broaden the definition of design through his work. In a poetic universe of balance and suspense, he explores and communicates aspects of nature such as friction and gravity. All his objects are formed on a metal lathe, but he strives continually to learn new techniques and to test new materials. His objects have a refined expression with a clear emphasis on craftsmanship. They hide nothing, but lay their inner workings bare, available for decoding. Kjeldgaard's works have been exhibited at venues such as Mindcraft, Milan; Curio – Chart Art Fair, Copenhagen; and Patrick Parrish Gallery, NYC.

Tonje Kjellevold lives in Oslo. She is in charge of external relations and grants at Norwegian Crafts. In this capacity, she has contributed to many international exhibitions and other projects, including the Sino-Norwegian exhibition *Beyond G(l)aze*, Suzhou Jinji Lake Art Museum, China and KODE Art Museums and Composer Homes, Bergen (2015); the Nordic Craft Pavilion *magic language /// game of whispers* at Revelations Fine Craft and Creation Fair, Grand Palais, Paris (2015); and the exhibition series *Norwegian Presence*, Norwegian Contemporary Crafts and Design, Milan (2015–2019). Kjellevold holds a BA in East-Asian studies and Mandarin Chinese from the University of Oslo, with additional language studies in Mandarin from Fudan University, Shanghai. Since 2019 she has been studying Norwegian and Nordic linguistics and literature at Volda University College.

Stian Korntved Ruud is based in Oslo. He has a formal education in product design from Akershus University College and the Oslo School of Architecture and Design. After completing his degree, he interned at Tom Dixon in London. Exploration and research are guiding factors in Korntved Ruud's artistic practice. He frequently takes things apart to see how they function. While his works exist at the intersection between crafts, visual art and design, they also draw inspiration from everyday objects and are often interactive, sonorous or mechanical. They surprise viewers by breaking with convention, but still contain traces of functional objects that are familiar to viewers. Korntved Ruud has exhibited at FORMAT, Oslo; Steinbeisser, Amsterdam; Best of Europe, Homo Faber Event for Michelangelo Foundation, Venice; Norwegian Presence, Milan; The Dutch Savannah, Museum de Domijnen; KRAFT, Bergen; and at Design Miami with Patrick Parrish Gallery, to mention a few.

Ivana Králíková is originally from Gottwaldov (formerly in Czechoslovakia) but now lives in Stockholm. She is an artist, allotment gardener and teacher. She has a BFA from the Academy of Arts, Architecture and Design in Prague and an MFA from Konstfack, University of Arts, Crafts and Design in Stockholm. Králíková also studied at the Royal Institute of Art in the Swedish capital. Her current work is practice-led and research-oriented, with a focus on human relationships to earth-based materials and their circulation in urban environments. Since 2017 she has been developing the explorative cultural research project *Gräv Där Du Står / Dig Where You Stand*. Králíková has exhibited at institutions such as the Czech Centre in Stockholm (solo exhibition); IASPIS, Uppsala Konstmuseum; Blås & Knåda (solo exhibition) and ArkDes, both in Stockholm; the Center for Curatorial Studies, Bard College (solo show) and Hessel Museum of Art, also at Bard, New York state; FUTURA, Prague; UKS and Kunstindustrimuseet, Oslo; Gallery Osnova, Moscow; and the Austrian Association of Women Artists, Vienna.

Valentin Manz was born in Germany and now lives and works in Tromsø, Norway. He studied visual arts and scenography at the Slade School of Fine Art and Central Saint Martins, and art psychotherapy at Goldsmiths, University of London. Through a number of projects in public space at home and abroad, his ideas are manifested in kinetic sculptures and installations, paintings, and social and participatory projects. He often works with found objects and waste products, usually with a site-specific approach to ecology, identity and history. In collaboration with the artist and filmmaker Christine Cynn, he founded Ice-9, a media arts organisation with a mission to nurture visions of a sustainable and just future. These visions are socially inclusive and anchored in evidence-based research. Hello X is their online story laboratory to collectively imagine 'X', a young woman 50 years into the future. Most recent projects include *bok av de levende / eal-ima giri / book of the living*, an augmented-reality walk through Tromsø, and a large green mobile elephant sculpture as part of Klimasøksmål Arktis (together with XR Arktis).

Britta Marakatt-Labba is from Idivuoma, but now lives and works in Övre Soppero, Sápmi/Sweden. As one of nine siblings, she grew up in a reindeer herding family in Saarivuoma Samby. Marakatt-Labba studied at Sunderby College near Luleå, the Industrial Art School in Gothenburg, and at the Sámi University of Applied Sciences, Sámi Allaskuvla in Kautokeino, where she later became a teacher of *duodji*. As an artist, Marakatt-Labba works primarily with textile embroidery, watercolour painting and lithographs with subject matter related to Sámi culture. She has illustrated a large number of books and has also been a costume maker and performer. She was involved in starting the Sámi artist group Mázejoavku in 1978 and committed herself to building the Sámi Association of Artists in 1979. In 2014 she was awarded an honorary doctorate by the Faculty of Humanities, Umeå University. Her textile work *Historjá* (2003–07), which is themed on Sámi history, was shown at Documenta 14 in Kasel in 2017. Marakatt-Labba won the John Savio Prize in 2017.

Jenni Nurmenniemi is a Helsinki-based curator and art writer with a long-term focus on ecologically oriented thinking and practices in contemporary art. Their most recent curatorial projects include the contemporary art section of the Fiskars Village Art & Design Biennale, *Beings With*, Fiskars, Finland (2019); Marjolijn Dijkman's and Toril Johannessen's *Reclaiming Vision* at Helsinki Festival (2019); and *Fictional Frictions* at the Gwangju Biennale (2018). In 2012–18, Nurmenniemi worked with the Helsinki International Artist Programme (HIAP) and curated the international collaborative project *Frontiers in Retreat – Multidisciplinary Approaches to Ecology in Contemporary Art* (2013–18). Currently, they are looking into symbiotic thinking in art – historically and at present. Nurmenniemi holds an MA in curating from Aalto University, Helsinki (2013) and an MA in sociology with an emphasis on gender studies and media culture/ journalism from the University of Tampere (2010). They have also studied art history at the University of Helsinki and participated in the International Asian Studies Programme at the Chinese University of Hong Kong (2007).

Pekka Paikkari is based in Helsinki. He has been a member of the Arabia Art Department Society in Helsinki since 1983. He is known for his large wall sculptures, unique sculptural objects and monumental public works. Paikkari's works are found in the Victoria & Albert Museum in London, the Ceramics Museum of Barcelona, and the Shigaraki Museum of Contemporary Ceramic Art in Japan, among many other public collections. In 1989 he was awarded third prize at the Helsinki Fair Ground Art Competition, and in 1993 he won the grand prize at the International Biennial of Ceramics in Faenza (Fondazione Cassa di Risparmio di Ravenna). In 2018 Paikkari participated in the exhibition *Ceramics Now: The Faenza Prize Is 80 Years Old,* a special 60th edition highlighting international masters and emerging artists working in ceramics, held at the Museo Internazionale delle Ceramiche in Faenza. Other recent exhibition projects include *Ymmärretty / Surroundings* with Hostler Burrows, NYC (2019), participation at Design Miami / Basel with Hostler Burrows (2019), and *reCLAYmed* at Berg Gallery, Stockholm (2019).

Louise Sidelmann is based in Copenhagen. She studied ceramics at Aarhus Art Academy and plastering at the technical university EUC Haslev. Sidelmann is interested in combining details, colours and space-forming compositions of lines to create drawings that 'oscillate' between two and three dimensions, between drawing and ornamentation. She works casually with her materials, in an almost meditative, intuitive and experimental process that involves searching for quirky and fragile qualities in order to find a harmony between their tenuous and robust aspects. Her works have been exhibited at Ann Linnemann Gallery, Kammer Gallery, Officinet, Møstings Hus, Glinde, Limfjorden's Autumn Exhibition, Charlottenborg's Spring Exhibition (2009), Ler08,SAK (2008), and Denmark's Ceramics Museum CLAY (2008).

Brynjar Sigurðarson is Icelandic and **Veronika Sedlmair** is German, but both artists are based in Immenstadt, Germany. Sigurðarson completed a BA in product design at Iceland University of the Arts, Reykjavik (2006) and an MA in product design at ECAL – University of Art and Design in Lausanne (2011). Until 2014 he worked alone on projects such as *Borgthor Sveinsson*, a short film about a hermit living in Iceland, and a series of artistic furniture called *Silent Village Collection* for Galerie Kreo in Paris. Sedlmair graduated with a BA in interior architecture from HFT – Stuttgart Technology University of Applied Sciences (2010). Since 2014 she and Sigurðarson have collaborated on projects with theatrical and natural references. Their projects, which often involve drawing, photography, video, sound and objects, tend to relate to anthropology and geology. A big part of their work deals with Icelandic fishing and harbour environments. This interest took hold when Sigurðarson and Sedlmair spent a month in the remote fishing village of Vopnafjörður, Iceland. Since then, they have continuously sought to translate shapes, materials and details from the harbour and the coastal environment into their art. The objects they create vary from furniture with abstract functions, porcelain pebbles, and sticks arranged with ropes and collected objects, to ocean-like glass vases and furniture with references to Iceland's fishing harbours. The duo's foremost goal is to examine cultural values and translate them into the shape of objects. Current and recent studio projects include work for brands and galleries such as Galerie Kreo, Paris; CIRVA, Marseille; Porcelain Manufacture de Sèvres, Paris; PCM-Design; Spark Design Space and Camper. In 2019 they won the Swiss Design Awards, the Hublot Design Prize and the Swarovski Designer of the Future Award at Design Miami/Basel. Sigurðarson and Sedlmair have exhibited at Röhsska Museum in Gothenburg and at the Design Museum in Helsinki, in connection with Sigurðarson receiving the Thorsten and Vanja Söderberg Prize in 2018.

Ida Wieth is based in Aarhus, Denmark. She studied glassblowing at the Kosta Glass School in Sweden and graduated in 2009 with an MFA from Edinburgh College of Art. She works with glass, combining it with other materials such as ceramics, steel, metals and wood in order to achieve aesthetic innovation. She explores the properties of glass through a persistent and experimental approach to its substance, content, form, force and will. In the large-scale installation *Passage* she unfolds glass's ability to stretch and transform during the short interval from fiery and liquid to solid and definite form. Earthy and vibrant pigments blend with metal oxides to create a coarse and fragmented texture. Framed, carried and suspended, the installation emphasises the process of moving between and through different paces and stages. Wieth combines the artistically poetic with the artisan's tangible knowledge of materials and techniques in a highly expressive and emotional way. Her works have been shown in Scandinavia, Europe, Russia, Japan, the USA and Canada, and she was awarded the prestigious Hempel Glass Prize in 2017.

Æsa Sigurjónsdóttir is a freelance curator and associate professor in art history, art theory and curatorial studies at the University of Iceland. Her research and extensive writings focus on contemporary art, art historiography, the history and theory of photography, visual culture, art in public space and curatorial studies. She has curated a number of exhibitions in Icelandic and in European museums and galleries, such as the National Gallery of Iceland; Reykjavík Art Museum; Reykjavík Art Festival; Bozar, Brussels; Riga European Capital of Culture; *Curated by_*, Vienna; and FNAGP, France. She is the curator for the exhibition *Visitations: Polar Bears out of Place*, which is scheduled to be held at Akureyri Art Museum in Iceland in 2021.

Hedvig Winge lives in Oslo and holds an MFA from Oslo National Academy of the Arts (2012). She uses clay in an expanded practice involving sculpture and painting. For example, she soaks textiles, cardboard and paper in suspensions of wet porcelain clay and arranges them in site-specific installations. This type of process-based and performative practice relies on a pre-reflective interaction with materials. It allows time, chance and fundamental primary forces to be co-workers while the clay runs, adheres, slips, maybe flares, then certainly dries up, changes character, and inevitably decomposes or finds another form. Winge's works involve risk-taking and are based on material experiments, site examination and embodied knowledge of clay as haptic and tactile matter. Her recent solo exhibitions include *Tomorrow*, Prosjektrom Carl Berner, Oslo; *Recollecting Near Past*, Akershus Kunstsenter, Lillestrøm; and *Bird*, BOA, Oslo. Winge's works have been included in group exhibitions at Uppsala Art Museum; X-huset, Kristiansand; Kunstnerforbundet, Oslo; and Tallinn Applied Art Triennial, Estonian Museum of Applied Art & Design, Tallinn.

Nina Wöhlk is a writer and independent curator based in Copenhagen. She holds a BA in art history from Aarhus University and an MA in cultural communication from Copenhagen University. In 2019 Wöhlk became the founder and co-curator for ARIEL – Feminisms in the Aesthetics, established in collaboration with the Women's Building in Copenhagen. ARIEL is a new contemporary exhibition platform and interface focusing on feminisms within the field of aesthetics. Wöhlk is also a co-founder of the newly-established association UKK – Curatorial Forum, which facilitates professional and collegial gatherings, in an effort to improve the working conditions for Danish and International curators within the arts. As a curator and writer, Wöhlk focuses on contemporary relationships, feminisms, queerness and the more-than-human. She has organised several multi-disciplinary exhibitions, symposia, readings and workshops with the aim of promoting and supporting marginalised and non-binary voices in the arts.

Charlotta Östlund was born in Sweden but now lives and works in Helsinki. She earned an MFA from Konstfack University of Arts, Crafts and Design in Stockholm (2000). Östlund's works are included in collections such as Helsinki Art Museum and the Museum of Contemporary Art Kiasma, also in Helsinki. Her time-consuming and laborious technique requires extreme precision and concentration and acts as a natural vehicle for the study of human existence. She gathers plants and dries them to serve as her raw material. She then bends the fragile stalks into delicate sculptures. Never static, her organic materials undergo perpetual and gradual metamorphosis and are not intended to last forever. The frailty and transient nature of human existence is one of Östlund's key themes. Recent exhibitions include *Kudoksia*, Galerie Forsblom Studio, Helsinki (2018); *Wasteland Stanzas*, MUU Galleria, Helsinki (2017); and *Coexistence*, Collection Exhibition, Kiasma, Helsinki (2019).

Works

Hildur Bjarnadóttir
colors of adaption
2020
Plant dyed silk

For the plant-dyed silk tapestries of Hildur Bjarnadóttir, plants from the artist's own land in Iceland function as *recording devices*, absorbing information from their ecological and social environment through soil and air, as well as through their roots, petals, flowers, and leaves. Exploring issues of belonging and ecological disruption, Bjarnadóttir's work combines both flora and fauna. Changing weather, seasonal shifts and industrial impact are all apparent in her extracted colours. In this installation pigments are used from yellow bedstraw, northern bedstraw, common silverweed, meadow buttercup, common cottongrass, bog sedge, yellow rattle, winter cress, sweet grass and common sorrel.

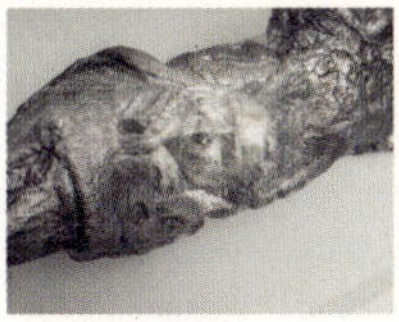

Ebba Bohlin
Loss of Information
2020
Recycled aluminium

Ebba Bohlin visited Jeløy in August 2019 and discovered a tree trunk in the process of decomposing. The tree trunk served as the starting point for Ebba Bohlin's work *Loss of Information*. With faint traces on its surface reminiscent of human hair, the tree triggered the artist to construct a complex new 'hybrid being', using digital software to merge the tree with a living person. Bohlin's practice asserts a firm belief in the transformative power of material, whether taken from nature, from language, or from the artist's own body.

Christine Cynn
earth:NOW:being
2011
3-screen video
16:49 min
Music by Giles Kwakeulati King-Ashong (Kwakebass)

Valentin Manz's participatory, long-term project *In the Pits* is presented within the immersive three-screen moving image installation *earth:NOW:being.* The film, directed by Christine Cynn, documents a site-responsive project in which Manz erects seven large-scale clay sculptures while camping in the British countryside over the course of one summer. Inviting local farmworkers and passers-by to participate, and supervising clay workshops for children, Manz created an open studio in which unpredictable forces, such as the weather, were also central to the project's outcome. Towards the end of the summer, participants and locals were invited to witness spectacular sparkling lights fly from paper kilns as the soft clay transformed into robust ceramic sculptures.

Fellesskapsprosjektet å Fortette Byen
Meahccetrošša/Matatu: Eai čuovo mearriduvvon luottaid, eai ge vissis njuolggadusaid / They don't follow routes and they don't conform to regulated order
2011 (Kárášjohka)
2020 (Jeløy)
Recycled wood, paint

The space between individual expression and a community's public rights is explored in several projects by Fellesskapsprosjektet å Fortette Byen (FFB), a group established in 2010 by artist and architect Joar Nango and architects Håvard Arnhoff and Eystein Talleraas. For *Earth, Wind, Fire, Water*, FFB has used found and reclaimed materials to make a text-based work for the gallery's facade. Written in the Northern Sámi language it states: *Eai čuovo mearriduvvon luottaid, eai ge vissis njuolggadusaid / They don't follow routes and they don't conform to regulated order.* This reference to the Northern way of life stresses the importance of transcending laws and regulations in order to forge autonomous systems and spaces.

Alma Heikkilä
these processes include plasticity, mutualistic symbiosis, and extinction
2020
plaster, polyester, pigments, plant-based inks, acrylic polymer, and others

Alma Heikkilä's work invites a heightened sensitivity to microorganisms and bacteria that exist beyond human perception. Through her large-scale on-site installation '*these processes include plasticity, mutualistic symbiosis, and extinction*', she offers a calm and soothing environment to contemplate the importance of such minuscule species.

Karoline Hjorth & Riitta Ikonen
Eyes as Big as Plates # Brit
Eyes as Big as Plates # Inger
Eyes as Big as Plates # Karin
Eyes as Big as Plates # Liv
Eyes as Big as Plates # Mrs Sim
2017 – 2019, Digital c-type

Craft encourages sociability, connection, and dialogue in its very essence. Since 2011, Riitta Ikonen and Karoline Hjorth have worked with elderly people across many countries, portraying them dressed in elements from their surroundings. Swathed in costume-like sculptures made in collaboration with the artists, these people literally inhabit their landscape, drawing attention to the intrinsic connections between human beings and their environment. The artists have thus far photographed over one hundred seniors. They added new works to the series last fall when visiting the rural Norwegian landscape in and around Jeløy and Moss.

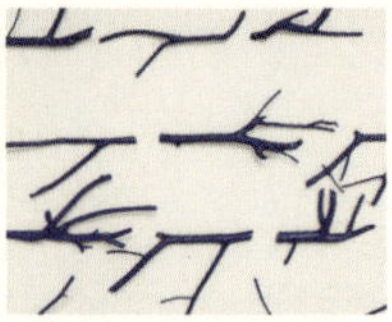

Guðjón Ketilsson
Poem I–II
2019
Painted tree branches

Guðjón Ketilsson adopts philosophical perspectives drawn from new materialism and animism, namely that everything – including inanimate things – has a soul, and that all matter has value and significance. For the *Poem* series he assembles meticulously treated twigs to form sentence-like compositions. The fallen sticks are given new life through language; as poems, they move past their materiality.

Kasper Kjeldgaard
Casts of Time - Lost in Translations
2020
Bronze, ashwood
beeswax

Kasper Kjeldgaard explores aspects of nature such as friction and gravity, using bronze, beeswax, and other materials to create a poetic universe of balance and suspense. Process, organic growth, and varying states of permanence are captured in his sculptures, articulating notions of resilience and robustness. As the elements interact with one another and the surrounding space, they affect the pace around them, prompting viewers to slow down and reflect. The sculptures have come about through a rotational process where heated beeswax forms growing circles over time.

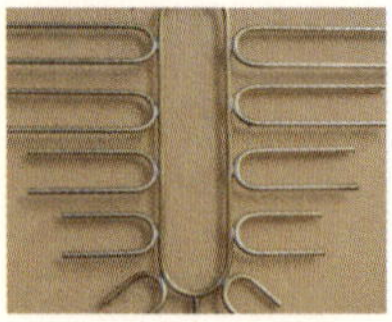

Stian Korntved Ruud
Clock #03
Tuning Fork I–III
2020
Metal, wood, electronics

The work of Stian Korntved Ruud reflects a fascination for manufacturing techniques, inherent properties of physical materials, human-object interactions, and sound. In his new series of sculptural tuning forks, Korntved Ruud explores natural frequencies and sacred geometry. In his work *Clock #03*, he makes use of clock chimes and gravity to add to the soundscape of the gallery. The small wooden balls make their way down metal chimes and emit a gentle sound every hour.

Ivana Králíková
Battery Jeløy
2020
Re-used cotton, re-used metal, borrowed soil, salt, water, voltmeter

Ivana Králíková uses clay as her material of choice, to engage with her local community and as an entrance point into exploring land use in cities. Her practice subscribes to the notion of *neoenvironment*, a broadened understanding of our total environment as a network of innumerable interrelations. For this exhibition, Králíková presents a new experiment with earth batteries, a potential new energy source. The batteries are made using excavated soil and minerals from Jeløy. 40 V & 14,5 mA represents the initial stage of her research. Her aim is to use earth materials to conduct electricity, using different metals (zinc sheets and copper wire) as electrodes.

Valentin Manz
for a cup of tea with the bunny rabbits
2020
Open studio, wood workshop

With a background spanning visual art, scenography, and art psychothwerapy, Valentin Manz merges craft and conversation to prompt dialogue on pressing themes such as generational shifts in labour and identity. Towards the end of the exhibition period visitors to Galleri F 15 are invited to visit Manz in an on-site wood workshop, where they can observe and assist the artist as he carves sculptures from large tree trunks. Relocated to the surrounding landscape as they are produced through the spring and summer, the sculptures subtly transform as the weather shifts.

Britta Marakatt-Labba
Skuggor (Shadows)
Kosmos (Cosmos)
2019–2020
Textile, embroidery, paper, application

Britta Marakatt-Labba addresses questions of ecology, politics, and history through embroidery, combining thin wool, linen, paper, and silk yarn with screen-printing and collage. Rooted in Sámi culture, her motifs often link together everyday life and mythology. In recent years, much of her work has addressed climate change, something she herself experiences first-hand as a resident of Övre Soppero in Northern Sweden, through floods, clear-cut forestry, and increasingly warm winters.

Pekka Paikkari
Paradise I
Paradise II (Fractured)
Curiosity Bottles
2020
Ceramics, Magna-Crete, epoxy, rust, ash, paint, silver leaf

Pekka Paikkari embraces the accidents, material memory, and unforgiving nature of clay, working with, rather than against, the uncontrollable transformations that take place within the kiln. He looks for the soul and originality of the materials that are hidden in the cracks, through a physical process he has perfected through thirty years of practice.

Louise Sidelmann
Prikket streg I–II
Hæftet streg I–II
2020
Porcelain, sinter engobe

Louise Sidelmann uses clay to intuitively explore the spatial effects of lines and drawing as an artistic medium. Looking to both human infrastructure and organic systems, her delicate compositions intricately combine colour through glazing and sintering processes.

Brynjar Sigurðarson
& Veronika Sedlmair
Of Stones and Faces (Animated Geology)
7 carved stones in Reierstranda
Site-responsive intervention
2020

With the power to alter matter, ideas, and society, an artistic practice is transformational in many respects. In the site-responsive project of duo Brynjar Sigurðarson and Veronika Sedlmair, the artists carve into stones in the rocky bays of Jeløy, animating the material by sculpting it on site. In doing so, Sigurðarson and Sedlmair intervene in geological processes, accelerating each stone's millennia-long transformation into an infinitesimal grain of sand. The artists' impact may well catalyse the folklore of a distant future.

Ida Wieth
Passage
2019
Blown, fused and slumped glass, metal oxides, copper wire, steel, birch veneer

Ida Wieth addresses the unusual characteristics of glass through a persistent and experimental exploration of its substance, content, form, force, and will. With reference to the metamorphic nature of the human body, her large-scale installation *Passage* explores the ability of glass to stretch and transform from liquid to solid over short intervals. Earthy and vibrant hues blend with metal oxides to create a coarse and fragmented texture.

Hedvig Winge
Porcelain Piece
2020
Porcelain clay, textile, rope, nails, hoists, hooks, thread, string

Hedvig Winge employs clay within an expanded practice of sculpture and painting. Textiles are splattered with porcelain clay and arranged in a site-specific installation that unfolds and transforms during the process. Grounded in her deep knowledge of the materiality of clay, Winge's work is expansive and unpredictable; motion and vulnerability are expressed at the intersection of the work and the exhibition space.

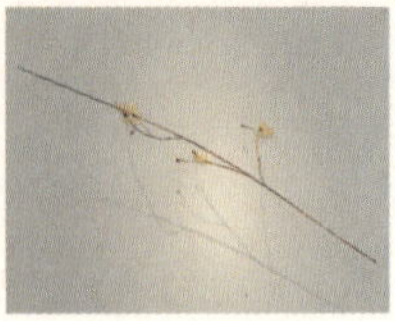

Charlotta Östlund
Bang, 2020
Hiking Pole, 2018
Small Galaxy, 2018
Arrow, 2018
Plant parts, metal wire, paint, glitter, beads

Charlotta Östlund's sculptures juxtapose nature's ceaseless cycles with a subtle lyrical sensibility. Her laborious technique of bending and modifying dried plant matter offers a gentle metaphor for the transience of all life. Organic, impermanent, and never static, her materials exist in perpetual metamorphosis, embracing gradual yet inevitable entropy.

Photo credits

Sleeve Alma Heikkilä, *in liquid* (2019), Detail. Photo: Finnish National Gallery / Petri Virtanen

18–19 *Earth Wind Fire Water*, installation view. Photo: Vegard Kleven

20 Hedvig Winge, *Porcelain Piece* (2020), detail. Photo: Vegard Kleven

21 Louise Sidelmann, *Heftet Stræg II* (2020). Photo: Vegard Kleven

22–23 Karoline Hjorth & Riitta Ikonen, *Eyes as Big as Plates # Brit* (Trondheim 2018). Photo: Karoline Hjorth & Riitta Ikonen

24 Louise Sidelmann, *Heftet Stræg I* (2020). Photo: Vegard Kleven

25 Hedvig Winge, *Porcelain Piece* (2020), detail. Photo: Eivind Lauritzen

26–27 Pekka Paikkari, *Curiosity Bottles* (2020). Photo: Vegard Kleven

28 Pekka Paikkari, *Curiosity Bottles* (2020). Photo: Vegard Kleven

29 Pekka Paikkari, *Paradise I* (2020). Photo: Vegard Kleven

66 Karoline Hjorth & Riitta Ikonen, *Eyes as Big as Plates # Liv* (Trondheim 2017). Photo: Karoline Hjorth & Riitta Ikonen

67 Hildur Bjarnadóttir, *colors of adaption* (2020), installation view. Photo: Vegard Kleven

68 Hildur Bjarnadóttir, *colors of adaption* (2020), detail. Photo: Vegard Kleven

69 Hildur Bjarnadóttir, *colors of adaption* (2020), detail. Photo: Vegard Kleven

70–71 Charlotta Östlund, *Small Galaxy* (2018), detail. Photo: Vegard Kleven

72–73 Karoline Hjorth & Riitta Ikonen, *Eyes as Big as Plates # Mrs Sim* (Pyeongchang, South Korea 2017). Photo: Karoline Hjorth & Riitta Ikonen

74–75 Guðjón Ketilsson, *Poem I–II* (2019), installation view. Photo: Vegard Kleven

76–77 Guðjón Ketilsson, *Poem I–II* (2019), detail. Photo: Vegard Kleven

94 Britta Marakatt-Labba, *Cosmos* (2020), installation view. Photo: Vegard Kleven

95 Britta Marakatt-Labba, *Cosmos* (2020), detail. Photo: Vegard Kleven

96–97 Fellesskapsprosjektet å Fortette Byen, *Meahccetrošša/Matatu: Eai čuovo mearriduvvon luottaid, eai ge vissis njuolggadusaid / They don't follow routes and they don't conform to regulated order* (2011, Kárášjohka) (2020, Jeløy), installation view. Photo: Eivind Lauritzen

98 Ebba Bohlin, *Loss of Information* (2020), installation view. Photo: Vegard Kleven

99 Charlotta Östlund, *Bang* (2020), detail. Photo: Vegard Kleven

100–101 Charlotta Östlund, *Bang* (2020), detail. Photo: Vegard Kleven

102 Charlotta Östlund, *Hiking Pole* (2020), installation view. Photo: Vegard Kleven

103 Charlotta Östlund, *Bang* (2020), detail. Photo: Vegard Kleven

104–105 Kasper Kjeldgaard, *Casts of Time – Lost in Translations* (2020), installation view. Photo: Eivind Lauritzen

111 Fellesskapsprosjektet å Fortette Byen, *Meahccetrošša/Matatu: Eai čuovo mearriduvvon luottaid, eai ge vissis njuolggadusaid / They don't follow routes and they don't conform to regulated order* (2011, Kárášjohka) (2020, Jeløy), detail. Photo: Eivind Lauritzen

117 Fellesskapsprosjektet å Fortette Byen, *Meahccetrošša/Matatu: Eai čuovo mearriduvvon luottaid, eai ge vissis njuolggadusaid / They don't follow routes and they don't conform to regulated order* (2011, Kárášjohka) (2020, Jeløy), detail. Photo: Eivind Lauritzen

136 Stian Korntved Ruud, *Clock #03* (2020), detail. Photo: Vegard Kleven

137 Stian Korntved Ruud, *Clock #03* (2020), installation view. Photo: Vegard Kleven

138–139 Christine Cynn, *earth:NOW:being* (2011), installation view. Photo: Vegard Kleven

140–141 Christine Cynn, *earth:NOW:being* (2011), film stills by Christine Cynn.

142–143 Ivana Králíková, *Battery Jeløy* (2020), installation view. Photo: Vegard Kleven

144–147 Brynjar Sigurðarson & Veronika Sedlmair, *Of Stones and Faces (Animated Geology),* 2020. Photo: Brynjar Sigurðarson

178–179 Alma Heikkilä, *these processes include plasticity, mutualistic symbiosis, and extinction* (2020), installation view. Photo: Vegard Kleven

180–181 Alma Heikkilä, *these processes include plasticity, mutualistic symbiosis, and extinction* (2020), detail. Photo: Vegard Kleven

182–183 Karoline Hjorth & Riitta Ikonen, *Eyes as Big as Plates # Inger* (Jeløya 2019). Photography.

184–185 Ida Wieth, *Passage* (2019), installation view. Photo: Eivind Lauritzen

186–187 Ida Wieth, *Passage* (2019), detail. Photo: Eivind Lauritzen

188 Britta Marakatt-Labba, *Shadows* (2020), installation view. Photo: Vegard Kleven

189 Britta Marakatt-Labba, *Shadows* (2020), detail. Photo: Vegard Kleven

223 Karoline Hjorth & Riitta Ikonen, *Eyes as Big as Plates # Karin* (Jeløya 2019). Photo: Karoline Hjorth & Riitta Ikonen

Bibliographies

Randi Grov Berger

Ainge Roy, Eleanor. 'New Zealand river granted same legal rights as human being'. *The Guardian*, 16 March 2017.

Baily, Spencer. 'Trend Forecaster Li Edelkoort on Why Doing Less Is More', Time Sensitive, Slowdown Media, 2019. https://timesensitive.fm/episode/trend-forecaster-li-edelkoort-doing-lessis-more/

Barad, Karen. *Meeting the Universe Halfway: Quantum Physics and the Entanglement of Matter and Meaning*. Durham, NC: Duke University Press, 2007.

'Den inre skogen', K special, Swedish Public Television, 24 November 2019.

deGrasse Tyson, Neil. 'The Cosmic Perspective', Universe: The 100th Essay, *Natural History Magazine,* 2007.

Fors Spein, Gry-Kristina. 'Duodji as Starting Point for Artistic Practice', Norwegian Crafts website, 2019. https://www.norwegiancrafts.no/articles/duodji-as -a-starting-point-for-artistic-practice

Granström, Helena, and Elmerstad, Marcus. *Det som en gång var*. Stockholm: Natur & Kultur, 2016.

Gupta Wiggers, Namita. 'Duodji as Part of Philosophy and Cosmology'. Norwegian Crafts website, 2018. https://www.norwegiancrafts.no/articles/duodji-as-part-of-philosophy-and-cosmology

Pöld, Laura. 'Conversation about the exhibition Enchanted by Fire', Kohila Symposium website, 2015. http://www.kohilasymposium.com/conversation-about-the-exhibition-enchanted-by-fire/

'Swedish Sámi visual artist shaping climate changes', Radio Sweden, 2010. https://www.rcinet.ca/eye-on-the-arctic/2010/11/08/swedishsami-visual-artist-shaping-climate-changes/

Camilla Groth

Aktaş, Bilge. 'Using Wool's Agency to Design and Make Felted Artefacts', *Studies in Artistic Research/RUUKKU*, no. 10, 2019. https://www.researchcatalogue.net/view/453632/453633

Aktaş, Bilge and Groth, Camilla. 'Studying Material Interactions to Facilitate a Sense of Being with the World'. Paper to be presented at the conference 'Synergy', Design and Research Society, Brisbane, Australia, 11–14 August 2020.

Bennett, Jane. *Vibrant Matter: A Political Ecology of Things*. London: Duke University, 2010.

Bolt, Barbara. 'Material Thinking and the Agency of Matter.' *Studies in Material Thinking*, vol. 1, no. 1 (2007) https://textilesandmateriality.files.wordpress.com/2016/05/bolt_material-thinking-and-agency-of-matter.pdf

Brink, Ingar and Reddy, Vasudevi. 'Dialogue in the Making: Emotional Engagement with Materials.' *Phenomenology and the Cognitive Sciences*. 1–23. The Netherlands: Springer, 2019. https://doi.org/10.1007/s11097-019-09629-2

Gibson, James J. *The Ecological Approach to Visual Perception*. New York: Psychology Press, 1986.

Groth, Camilla. 'Making Sense through Hands: Design and Craft Practice Analysed as Embodied Cognition'. PhD diss. Aalto University, Espoo, Finland, 2017. https://shop.aalto.fi/media/attachments/61951/Groth.pdf

Hari, Riitta and Kujala, Miiamaaria. 'Brain Basis of Human Social Interaction: From Concepts to Brain Imaging'. *The American Physiological Society*, vol. 89, issue. 2 (2009): 453–79. https://journals.physiology.org/doi/full/10.1152/physrev.00041.2007

Ingold, Tim. 'The Textility of Making', Cambridge Journal of Economics. no. 34 (2010), 91–102. https://academic.oup.com/cje/article/34/1/91/1696932

——. *Being Alive: Essays on Movement, Knowledge and Description*. London: Routledge, 2011.

——. 'Toward an Ecology of Materials.' *Annual Review of Anthropology*, no. 41 (2012): 427–42. https://www.annualreviews.org/doi/abs/10.1146/annurev-anthro-081309-145920

Johnson, Mark. *The Meaning of the Body*. Chicago: Chicago University Press, 2007.

Malafouris, Lambros. 'At the Potter's Wheel: An Argument for Material Agency'. In *Material Agency: Towards a Non-Anthropocentric Approach*, eds Carl Knappett and Lambros Malafouris, 19–36. New York: Springer, 2008.

Jessica Hemmings

Fowler, Brenda. 'Find Suggests Weaving Preceded Settled Life', New York Times, 9 May 1995. https://www.nytimes.com/1995/05/09/science/find-suggests-weaving-preceded-settled-life.html

Franklin, Donna. 'Meaningful Encounters: Creating a Multi-Method Site for Interacting with Nonhuman Life through Bio Arts Praxis.' PhD thesis, Edith Cowan University, Australia, 2014.

Harris, Jennifer, ed. *Textiles 5,000 Years: An International History and Illustrated Survey*. London: Harry N. Abrams, 1993.

Hemmings, Jessica. 'Second Skin', *Crafts Magazine*, March/April (2006): 32–35.

——. 'Floppy Cloth: Textile Exhibition Strategies Inside the White Cube', TEXTILE, 17, no. 4 (2019). DOI: 10.1080/14759756.2019.1588688

https://www.documenta14.de/en/artists/13551/

https://icelandmonitor.mbl.is/news/culture_and_living/2018/10/17/icelandic_silk_produced_in_grundarfjordur_west_icel/

https://mustarinda.fi/info

https://slamworks.se/beyond-the-object-2/artists-2/hedvig.html

http://www.stwi.se

Marakatt-Labba, Britta, 'Agenda: New Materialism and Contemporary Craft', YouTube video of a lecture presented at the seminar 'Agenda Art and Craft: New Materialism and Contemporary Craft', Oslo National Academy of the Arts, 8 July 2019. https://www.youtube.com/watch?v=hNlE4lO5kAU

Miller, Elizabeth Carolyn. 'William Morris, Arts and Crafts, and the Idea of Eco-Socialist Design', *The Responsible Object: A History of Design Ideology for the Future*, ed Marjanne van Helvert, 29–48. Amsterdam: Valiz & Melbourne: Ueberschwarz, 2016.

Morris, William. *News from Nowhere and Other Writings*. London: Penguin Books, 1993 [1890].

Šajn, Nikolina.'Environmental Impact of Textile and Clothes Industry', 3. European Parliamentary Research Service PE633.143 (January 2019).

Schneider, Jane, and Weiner, Annette B, eds. 'Introduction' *Cloth and Human Experience*, 1–29. Washington and London: Smithsonian Institute Press, 1989.

St Clair, Kassia. *The Golden Thread: How Fabric Changed History*. London: John Murray, 2018.

Nicolas Cheng

Barad, Karen. *Meeting the Universe Halfway: Quantum Physics and the Entanglement of Matter and Meaning*. Durham, NC: Duke University Press, 2007.

Bjarnadóttir, Hildur. 'Textiles in the Extended Field of Painting.' Fellowship thesis, Bergen Academy of Art and Design, 2016.

Cheng, Nicolas. 'World Wide Workshop: The Craft of Noticing' PhD thesis, University of Gothenburg, 2019.

Haraway, Donna. J. *Staying with the Trouble: Making Kin in the Chthulucene*. Durham and London: Duke University Press, 2016.

——. 2016. Conversation with Martha Kenney, 'Anthropocene, Capitalocene, Chthulucene.' e-flux journal no. 75 (September 2016).

Morton, Timothy. *Ecology without Nature: Rethinking Environmental Aesthetics*. Cambridge, MA: Harvard University Press, 2009.

——. *Hyperobjects: Philosophy and Ecology after the End of the World*. Minneapolis and London: University of Minnesota Press, 2013.

Tsing, Anna L. 'Unruly Edges: Mushrooms as Companion Species.' *Environmental Humanities* vol. 1 (2012): 141–154.

Ánne Márjá Guttorm Graven

https://lovdata.no/dokument/NL/lov/2007-06-15-40#KAPITTEL_5

https://www.nasjonalmuseet.no/utstillinger-og-arrangementer/utstillinger-pa-turne/2017/under-40.-ung-norsk-arkitektur/

https://unesco.no/kultur/truede-sprak/

Nina Wöhlk

De Castro, Eduardo Viveiros. 'From Multiculturalism to Multi-Naturalism', *Melik Ohanian: Cosmograms*. 137–156. New York: Lukas & Sternberg, 2005.

Desjardins, Sean P.A. 'A Change of Subject: Perspectivism and Multinaturalism in Inuit Depictions of Interspecies Transformation'. *Bestiaire inuit / Inuit Bestiary*, vol. 41, no. 1/2 (2017): 101–124.

Johnston, David Jhave. Aesthetic *Animism: Digital Poetry's Ontological Implications*. Cambridge, MA: MIT Press, 2016.

Watts, Vanessa. 'Indigenous place-thought & agency amongst humans and non-humans (First Woman and Sky Woman go on a European world tour!)'. *Decolonization: Indigeneity, Education & Society*, vol. 2, no. 1 (2013): 20–34.

Æsa Sigurjónsdóttir

Abel, Emily K. and Margaret K. Nelson, eds. *Circles of Care: Work and Identity in Women's Lives*. Albany, NY: State University of New York Press, 1990.

Adamson, Glenn. *The Invention of Craft*. London: Bloomsbury, 2013.

Árnason, Jón. *Íslenskar þjóðsögur og ævintýri II*, 2nd edition. Reykjavík: Þjóðsaga, 1961.

Fitz, Angelika and Elke Krasny, eds. *Critical Care: Architecture and Urbanism for a Broken Planet*. Vienna, Cambridge, MA: Architekturzentrum Wien, The MIT Press, 2019.

Kester, Grant H. *Conversation Pieces: Community and Communication in Modern Art*. San Diego: University of California Press, 2004.

Thompson, Nato, ed. *Living as Form: Socially Engaged Art from 1991–2011*. Cambridge, MA: The MIT Press, 2012.

Tronto, Joan C. and Berenice Fisher. 'Toward a Feminist Theory of Caring'. *Circles of Care: Work and Identity in Women's Lives*, eds Emily K. Abel and Margareth K. Nelson, 35–54. Albany, NY: State University of New York Press, 1990.

Sigurjónsdóttir, Æsa. 'The Allure of Origins', *Ólöf Nordal Úngl*, 172–203. Reykjavík: Reykjavík Art Museum, 2019.

Jenni Nurmenniemi

Arndt, Lotte and Umolu, Yesomi. *Candice Lin – A Hard White Body*. Chicago: Reva and David Logan Center for the Arts. Distribution: University of Chicago Press, 2019.

Barad, Karen. 'On Touching – The Inhuman That Therefore I Am', *Differences*, vol. 23, no. 3. (2012): 206–223.

——. 'Nature's Queer Performativity',(authorized version). *Kvinder, Køn & Forskning*, vol. 1–2 (2012).

——. Meeting the Universe Halfway: *Quantum Physics and the Entanglement of Matter and Meaning*. Durham, NC: Duke University Press, 2007.

Bennett, Jane. *Vibrant Matter: A Political Ecology of Things*. Durham, NC: Duke University Press, 2010.

Bull, Knut Astrup. 'You In Between: From Aesthetic Difference to Aesthetic Differing'. *Material Perceptions.* Documents on Contemporary Crafts no. 5., eds Knut Astrup Bull and André Gali, 29–46. Oslo and Stuttgart: Norwegian Crafts and arnoldsche Art Publishers, 2018.

Cole, Teju. 'Eight Turns', *Otobong Nkanga: To Dig a Hole that Collapses Again*. New York: Prestel Publishing, in partnership with the Museum of Contemporary Art Chicago and DelMonico Books, 2018.

Haraway, Donna. 'Symbiogenesis, Sympoiesis, and Art Science Activisms for Staying with the Trouble', *Arts of Living on a Damaged Planet*, eds Nils Bubandt, Elaine Gan, Heather Swanson and Anna Tsing. Minneapolis: University of Minnesota Press, 2017.

——. *Staying with the Trouble. Making Kin in the Chthulucene*. Durham, NC: Duke University Press, 2016.

Heikkilä, Alma. *Things that are Massively Distributed in Time and Space*. 2015. http://www.almaheikkila.net/things-that-are-massivelydistribut

Hemmings, Jessica. 'Material Color', Norwegian Crafts website, 2018. http://www.norwegiancrafts.no/articles/material-color

Jones, Caroline A. The Center for Energy and Environmental Research in the Human Sciences (CENHS), *Cultures of Energy Podcast*, episode 148, 2018. http://culturesofenergy.com/148-caroline-a-jones/

Le Guin, Ursula K. *Late in the Day: Poems 2010–2014*. San Francisco: PM Press, 2016.

Margulis, Lynn. *Symbiotic Planet: A New Look at Evolution*. New York: Basic Books, 1998.

Parikka, Jussi. 'Cartographies of Environmental Art', *The Midden*, eds Jenni Nurmenniemi and Tracey Warr. Helsinki: Garret Publications, 2018.

Popkin, Gabriel., 2019. '"Wood wide web" – the underground network of microbes that connects trees – mapped for first time.' https://www.sciencemag.org/news/2019/05/wood-wide-web-underground-network-microbes-connects-trees-mapped-first-time

Salminen, Antti. 'On the Meaning of Experimental Art in the Eye of the Anergy Storm', *The Midden*, eds Jenni Nurmenniemi and Tracey Warr, 22–49. Helsinki, Garret Publications, 2018.

Stengers, Isabelle. *In Catastrophic Times: Resisting the Coming Barbarism*. London: Open Humanities Press in collaboration with Meson Press.
https://meson.press/wp-content/uploads/2015/11/978-1-78542-010-8_In-Catastrophic-Times_Stengers.pdf

Tokarczuk, Olga. *Drive Your Plow Over the Bones of the Dead*. London: Fitzcarraldo Editions, 2019.

Vint, Sherryl. *Entangled Posthumanism*. Science Fiction Studies 35, no. 2 (2008).
https://www.depauw.edu/sfs/review_essays/vint105.html

Wu, Daniella. 'Do Androids Dream of Whiteness? Yellowbotics and the Yellow Cyborg' (2018).
https://unbag.net/reverie/do-androids-dream-of-whiteness

Earth, Wind, Fire, Water

Editors
Randi Grov Berger and Tonje Kjellevold

Contributors
Nicolas Cheng
Camilla Groth
Ánne Márjá Guttorm Graven
Jessica Hemmings
Jenni Nurmenniemi
Æsa Sigurjónsdóttir
Nina Wöhlk

Artists
Hildur Bjarnadóttir
Ebba Bohlin
Fellesskapsprosjektet å Fortette Byen
Alma Heikkilä
Karoline Hjorth & Riitta Ikonen
Guðjón Ketilsson
Kasper Kjeldgaard
Stian Korntved Ruud
Ivana Králíková
Valentin Manz
Britta Marakatt-Labba
Pekka Paikkari
Louise Sidelmann
Brynjar Sigurðarson
& Veronika Sedlmair
Ida Wieth
Hedvig Winge
Charlotta Östlund

Proofreading and copyediting
Proofreading and copyediting by Arlyne Moi, Randi Grov Berger and Tonje Kjellevold. Proofreading of *Cosmic Perspectives in Contemporary Craft* by Chloe Lewis and Arlyne Moi.

Translations
Translations by Jenny Leonardz (Swedish/English), Egill Arnarson (Icelandic/English), Ánne Márjá Guttorm Graven (Northern Sámi/Norwegian), Tonje Kjellevold (Norwegian/English), Jenni Nurmenniemi (Finnish/English), Christel Pedersen (Danish/English).

Olga Tokarczuk quote on pages 148 and 164 courtesy of Fitzcarraldo Editions.

Teju Cole quote on pages 152 and 167 courtesy of Museum of Contemporary Art Chicago.

Publication
Publication designed by Petri Henriksson and Sandra Stokka at Blank Blank.
Typeset in Akzidenz-Grotesk, Lyon

Printed on Munken Print White 15, 300 g; Grey Board, 500 g; Holmen Book 2.0, 70 g.
Printed by: Livonia

ISBN 978-3-89790-603-7

Bibliographic information published by the Deutsche Nationalbibliothek. The Deutsche Nationalbibliothek lists this publication in the Deutsche Nationalbibliografie; detailed bibliographic data are available on the internet at www.dnb.de

The Nordic Network of Crafts Associations
in collaboration with:
Galleri F 15
Albyalléen 60, 1519 Moss, Norway
Phone: +47 69 27 10 33
Email: kontakt@gallerif15.no
www.gallerif15.no

The Nordic Network of Crafts Associations
consists of:
Danske Kunsthåndværkere og Designere
Handverk og Hönnun
Konsthantverkscentrum
Konstnärernas Riksorganisation
Norske Kunsthåndverkere
Norwegian Crafts
Ornamo

arnoldsche Art Publishers
Olgastrasse 137, 70180 Stuttgart, Germany
Phone: +49 (0)711 64 56 18–0
Email: art@arnoldsche.com
www.arnoldsche.com

This publication is produced with generous support from Nordic Culture Point and Nordic Culture Fund.